中公新書 2481

平川 新著

戦国日本と大航海時代

秀吉・家康・政宗の外交戦略

中央公論新社刊

戦国日本と大航海時代　目次

序章　戦国日本から「帝国」日本へ

なぜ秀吉は朝鮮に出兵したのか

戦国乱世を統一した豊臣秀吉は、二度にわたって、それぞれ一五万人を超える軍隊を国内から動員し、朝鮮に出兵した。文禄《ぶんろく》・慶長《けいちょう》の役（一五九二〜九八年）といわれる国際戦争である。文禄の出兵では日本軍が漢城《かんじょう》（現在のソウル）や平壌《ピョンヤン》まで占拠し、一時は朝鮮半島北部まで攻め込んだ。朝鮮は死力を振り絞って抵抗し、宗主国である明《みん》国が援軍を派遣したため、勢力均衡して休戦を余儀なくされた。その後、講和交渉に入るが決裂したため、一五九七年（慶長二）に再び出兵する。だが、厭戦《えんせん》気分の日本軍は戦意があがらず、翌年に秀吉が没したことから撤退して終了した。

なぜ秀吉は朝鮮に出兵したのか。歴史学界では諸説あるが、基本的に支持されているのは、全国平定を成しとげた秀吉が海外の領地を求めて一方的に侵略したという解釈である。なかには秀吉の狂気のなせるわざだという評価もある。これをうけた一般のドラマや小説でも、秀吉の異常な振る舞いとして描かれることが多い。

ところが秀吉関係の文献をよくみると、彼は朝鮮出兵のかなり前から明国征服や南蛮（東南アジア）・天竺《てんじく》（インド）の征服まで構想していたとある。たんに領土拡張が目的であれば、まず最初に、隣接した朝鮮の征服構想が出てくるはずだが、不思議なことに、それより遠い明国・南蛮・天竺の征服構想のほうが先に出てきていた。それはいったいなぜなのか。そうした素朴な疑問が本書執筆の出発点である。

そこで改めて諸種の文献や史料を検証したところ、秀吉は朝鮮出兵の前後にスペインのフィリピン総督に対して服属要求の書簡を送っており、インド・ゴアのポルトガル副王に対してもキリスト教布教の禁止を通知していた。しかも、フィリピン総督への服属要求は一度だけではなかった。きわめて激しい言葉で、スペインによるルソン諸島の征服を批判した秀吉の書簡もある。とりわけ、スペイン国王に「予が言を軽視すべからずと伝えよ」、という書簡は驚くべきものであった。不思議なことに、朝鮮出兵にあたっては、フィリピン総督やポルトガル副王にまで明国征服の野望を、わざわざ知らせている。ここからは、次はおまえたちだ！　という強いニュアンスを読み取ることができる。

それにしても秀吉はなぜ、ポルトガルとスペインに対して、かくも敵意をむき出しにしているのだろうか。

イエズス会の野望

ポルトガルとスペインは一五世紀以来、キリスト教の布教と一体化した世界征服事業を展開し、アフリカや中南米をはじめ、インドや東南アジアの多くの地域を支配下においてきた。一六世紀初頭にはインドの港湾都市やインドシナ半島のマラッカを占領し、同世紀半ばには明国のマカオにも拠点を確保した。東シナ海にまで活動域を広げ、明国商人のジャンク船（中国式の帆船）に乗っていたポルトガル人が種子島《たねがしま》に漂着し、鉄砲を伝えたのは一五四〇年代前半のことである。以後、ポルトガルの貿易商人たちが日本に来航するようになったが、イエズス会の宣教師たちも、次々にやってきた。最初に鹿児島に上陸したイエズス会士が、かのフランシスコ・ザビエルである。一五四九年のことであった。

イエズス会とは、一五四〇年にローマ教皇の認可をうけて創立された修道会で、イタリア人やポルトガル人、スペイン人などの神父が入会し、世界各地への宣教に取り組んだカトリックの組織である。一六世紀初期に始まったルターやカルヴァンなどの宗教改革によって、プロテスタントの勢力がヨーロッパで隆盛した。とくにドイツやオランダ、イギリスなどでは勢いが強かった。そうした失地を回復するためにヨーロッパ世界以外の地域へ進出し、神の福音を宣《の》べ伝えることを使命とした組織であった。貿易商人や植民者、軍隊などとともに、各地に赴いて、布教活動をおこなっていた。

ザビエルが来日してから、わずか四〇年にして、日本のキリシタン人口は約二〇万人あるいは三〇万人に達したといわれている。この勢いに気をよくしたイエズス会は、キリシタン大名を支援して日本をキリスト教国に改造することを構想していた。なかには、日本のキリシタン大名を動員して明国を征服するという意見もあった。これらのことは宣教師たちの記録に明白に述べられている。

当然秀吉は、イエズス会の野望を知ることになる。怒った秀吉の対応の一つが、一五八七年のバテレン追放令だった。バテレン（伴天連）とは、ポルトガル語のパードレ（padre、神父・宣教師）がなまった言葉である。秀吉がバテレン追放令を出したのは、イエズス会がキリシタン大名から長崎の寄進をうけて要塞《ようさい》化を進めたこと、イエズス会の宣教師たちが軍船を所有していたこと、スペイン人やポルトガル人たちが日本人を奴隷として東南アジアやインドに売買していたこと、ポルトガルやスペイン勢力が日本を征服しようとしているという情報など、さまざまな要素が相乗した結果、不快感と危機感を高めたからだとされている。

じつはそれだけではなく、朝鮮出兵もポルトガルとスペインによる世界征服事業への対応のあらわれだった、というのが私の解釈である。ポルトガルとスペインが明国を支配するくらいなら、自分が先に征服する。こうした強い意思を抱き、その手始めとして朝鮮に出兵した、ということだったのではないか。これが本書の主張点の一つである。この解釈の正当性を、秀吉関連史料や海外史料にもとづきながら論証していきたい。

だが、朝鮮出兵は失敗に終わった。だからこそ、秀吉の誇大妄想や狂気の沙汰《さた》が生み出した歴史のあだ花として総括されてきた。たんなる一方的侵略だという評価である。たしかに朝鮮側からすれば、一方的な侵略にほかならない。だが日本の歴史に引きつけていえば、歴史のあだ花ではなく、まさにその後の日本の運命を決定づけたほどの歴史的事件となった。それは、どういうことか。

朝鮮出兵によって日本は、朝鮮および明国の軍隊と干戈《かんか》を交え、それと前後して、世界最強といわれたスペイン勢力にも服属を要求するなど、強硬外交を展開した。朝鮮出兵という、日本による巨大な軍事行動は、スペイン勢力に重大な恐怖心を与えたのである。のちに詳しく論証するが、フィリピン総督はマニラに戒厳令を布いて、恐怖に怯《おび》えたほどだった。アジアでもヨーロッパでも日本は一挙にその知名度をあげ、アジアの軍事大国として世界史に登場することになった。

イエズス会やスペイン勢力はこの軍事行動をみて、日本を武力で征服することの困難さを強く認識した。だからこそ武力征服を断念し、布教による日本征服論へと大きく方向転換せざるをえなくなった。しかも、朝鮮出兵によって得た軍事大国日本というヨーロッパ列強からの評価は、後継の徳川政権にも引き継がれていくことになった。そこで確立した日本評価は、「帝国」日本ということであった。これも朝鮮出兵がもたらした日本評価だったのである。そのことを、徳川家康の外交および伊達政宗《だてまさむね》の慶長遣欧使節を検討するなかで確認していきたい。

なお、秀吉のアジア外交の始原は、秀吉が仕えた織田信長にあるのではないかという想定から、本書では信長とイエズス会宣教師の関係に遡《さかのぼ》って素描《そびょう》している。宣教師から聞いた世界情報は信長を大いに刺激し、明国征服の意欲までも喚起した。信長は全国平定の途上で斃《たお》れたが、統一を成しとげた秀吉は明国征服を実行しようとした。その手始めとしての朝鮮出兵であった。この過程をみると、国内統一を成しとげつつある自信と外征意欲の沸き起こってくる関係がよくわかる。

家康の外交

ポルトガルとスペインに続いて、オランダとイギリスがアジア世界に進出してきた。インドや東南アジアの港湾都市に一定の地歩を築いた両国が日本にやってきたのは、一六〇〇年頃のことである。ポルトガルとスペインに遅れること、およそ半世紀であった。カトリック(旧教)国であるポルトガル・スペインと、プロテスタント(新教)国であるオランダ・イギリスは、ヨーロッパでの宗教的対立だけではなく、植民地支配や貿易の主導権をめぐって、アジアの海でも、この日本でも激しく対立した。

こうした状況のなかで、秀吉の跡を継いだ徳川家康は、当初、アジア・ヨーロッパの国々との平和的な全方位外交をめざした。貿易の振興を外交の基本方針にしていたといってよい。南蛮貿易とは本来、日本の南方(東南アジア等)との貿易のことをいうが、ポルトガル人とスペイン人が南方から来航してからは、彼らとの貿易の代名詞のようになった。この南蛮貿易は、九州や堺《さかい》など西日本の大名や商人を中心に展開していた。家康は彼が本拠とする江戸湾にも来航するよう、スペイン人のフィリピン総督に使者を出していた。しかし、なかなか来てはくれなかった。江戸湾は、東南アジアからの距離も遠く、市場性も低かった。一五九〇年に建設された江戸は人口も一五万人程度で、京都や大坂に比べて少なかったからである。

江戸湾来航交渉が進展するのは、意外な事件がきっかけだった。一六〇九年、任期を終えてマニラからメキシコに帰還途中のフィリピン臨時総督ロドリゴ・デ・ビベロが房総沖で遭難し、上総《かずさ》国岩和田《いわわだ》(現千葉県御宿町《おんじゅくまち》)に漂着して住民に救助された。総督であることを知った将軍秀忠《ひでただ》と大御所家康はビベロを引見し、マニラ船やメキシコ船が日本に来航するよう求めた。この機に乗じたビベロは、日本でのカトリックの布教権を獲得するために、貿易を条件にして家康に巧みな交渉をもちかけている。家康も布教を認めてしまうほどだった。ビベロや、そのあとの交渉を引き継いだセバスティアン・ビスカイノなどの記録を読むと、なんとしてでも布教権を獲得し、日本をキリスト教化してスペイン国王の支配下におくという企《たくら》みが赤裸々に書かれている。日本の強大な軍事力を前にして、武力による征服は不可能と悟ったが、宗教による征服はあきらめてはいなかった。

一方、スペインとポルトガルの勢力圏を切り取ろうと画策するオランダとイギリスは、家康の嫌う布教にこだわらず、貿易だけで日本にアプローチした。しかもオランダ・イギリスは、スペインとポルトガルによる世界各地での侵略行為を家康に訴え、日本も征服しようとしていると吹き込んだ。警戒心を強めた家康は、布教を条件としないオランダ・イギリスに大きく傾斜し、ついに禁教令を出すにいたった。一六一二年のことである。家康が構想していた全方位外交は、こうして崩れていった。

本書では、スペイン人使者と家康との交渉過程を詳しく紹介し、使者たちの記録をとおして、スペイン人がいかに日本の征服にこだわったか、家康がそれにいかに対応したのかを明らかにしていく。

政宗の外交

家康とスペイン人使者との交渉が決裂し、両者の関係が険悪化したところに登場したのが、伊達政宗だった。出羽《でわ》国米沢《よねざわ》を本領としていた政宗は、豊臣秀吉みずからが出陣した小田原《おだわら》の北条《ほうじょう》攻めに遅参した。そのため一五九一年に、領地を減らされて陸奥《むつ》国岩出山《いわでやま》（現宮城県大崎《おおさき》市）に転封を命じられた。秀吉の後継を争った徳川家康と石田三成《いしだみつなり》との対決では家康方に付き、出羽国の最上義光《もがみよしあき》と連携して、石田三成方に付いた上杉景勝《うえすぎかげかつ》と戦って家康に貢献した。いわゆる、「奥羽における東西合戦」である。

関ヶ原《せきがはら》合戦後の一六〇一年に政宗は、東西南北の交通の要地であり、河川舟運や海運の便のよい仙台に本拠を移した。新田や金山の開発を促進し、六二万石の国づくりに励むが、政宗が執心したのが貿易であった。マニラに船を派遣した形跡もある。だが、南蛮船は仙台領の港には来航しなかった。家康の江戸と同じく、遠すぎて地の利が悪かったからである。

その政宗にチャンスを与えたのが、先のメキシコ大使ビスカイノとフランシスコ会の宣教師でスペイン人のルイス・ソテロだった。急速に冷遇しはじめた家康と将軍秀忠に代わって政宗は両者に急接近し、メキシコへの帰国船を提供するとともに、支倉常長《はせくらつねなが》をスペイン国王とローマ教皇のもとへ派遣するチャンスを得た。これが慶長遣欧使節（一六一三〜二〇年）

である。九州のキリシタン大名はポルトガル国王とローマ教皇のもとに天正《てんしょう》遣欧使節を送ったが、政宗は世界最強のスペイン国王と、世界最高権威のローマ教皇に使者を派遣したのであった。家康も他の大名もなしえなかった事業だが、このとき家康はキリスト教禁令を発布していた。にもかかわらず政宗は伊達領での布教を認め、宣教師の派遣を要請している。

それにしても、すでに天下人の地位にいる家康に逆らうかのようなことを、なぜ政宗はおこなったのだろうか。そこが不思議なだけに、これまで政宗とスペインとの軍事同盟説などが唱えられてきた。本書では、政宗の真意を探るとともに、慶長遣欧使節の歴史的意義について再検討を加える。使節派遣が家康と政宗との緊張関係をはらみつつも、家康外交の一翼を担ったことや、支倉常長の帰国が徳川幕府による外交権の一元的掌握の画期となったことを浮き彫りにできるだろう。

ところが大坂夏の陣で豊臣氏が滅んだ翌年の一六一六年一月、突如として政宗謀反の噂《うわさ》が有力大名のあいだに流れた。二代将軍秀忠が奥州出陣の用意をしているという噂も立っており、細川《ほそかわ》氏や毛利《もうり》氏などは、国元に陣立ての用意を命じたほどであった。巷間《こうかん》には、家康の六男で、政宗の女婿である松平忠輝《まつだいらただてる》と政宗が手を結んで討幕の企てをしているという噂もあった。家康は気性の荒い忠輝を嫌っているともいわれていた。

家康はこの年の四月に余命が尽きて没するのだが、豊臣家を滅亡に追いやった家康にとって、気になる大きな存在の一人が伊達政宗であった。政宗は臆《おく》せずに家康と堂々とわたりあえる人間だった。秀忠は将軍として二代目を継いではいるが、人間としての器量は圧倒的に政宗が上なのである。家康亡きあと、政宗がどう動くか。徳川家に叛旗《はんき》をひるがえすかもしれない。豊臣家を滅亡させたあと、家康の心残りは政宗にこそあった。

このころはまだ、ヨーロッパに派遣した支倉常長は帰国していない。貿易交渉の結果は、まだ知らされていなかった。家康は伊達領への宣教師の派遣要請を了解していたが、禁教令を徹底しようとしている将軍秀忠は納得していなかった。むしろ政宗によるスペインとの連携をすら疑っていた。こうした疑心暗鬼が募るなかでの、政宗謀反の噂であった。

自分が生きているあいだに、政宗を徳川将軍家に屈服させるか、それとも攻撃して潰《つぶ》しにかかるか。政宗謀反の噂の真相を解明することで、家康と政宗の緊張した最後の関係や、政宗が徳川家に臣従を誓うことになった経緯が明らかになるだろう。家康が仕掛けた情報戦のすごさも再認識したい。政宗は以後、二代将軍秀忠、三代将軍家光《いえみつ》への臣従を誓い、徳川将軍家を支えていくことになる。

支倉常長が帰国したのは一六二〇年のことである。スペインは貿易に応じる条件として日本全国での布教権の保障を譲らなかった。幕府禁教令によるキリシタン取締りの強化にも強い不快感をみせていた。だが幕府の方針は、支倉が対応できる問題でなかった。交渉がうまくいかず、失意を抱いて戻った支倉の報告を聞いた政宗は、時をおかずして領内に禁教令を布いた。これが政宗から将軍秀忠への回答であった。徳川幕府による非キリスト教国家体制への流れがこれで確定した。

なぜ伊達政宗を、天下人である豊臣秀吉や徳川家康と並べて取り上げるのか。それは秀吉・家康と同時代に生き、朝鮮にも出陣し、家康と伍《ご》しながら独自外交を展開した希有《けう》な存在だったからである。政宗が派遣した慶長遣欧使節は教科書にも載るほど有名だが、従来の徳川外交史研究のなかでは意外なほどに評価されていない。貿易交渉に失敗したことが影響しているのだと思われるが、じつは多元的な戦国大名型外交から徳川幕府による一元的外交への転換を象徴する事件であった。

本書では鎖国という言葉を閉鎖的な外交関係としてではなく、徳川幕府が強力な軍事力を背景に確立させた貿易と出入国の管理体制のこととして用いる。この鎖国への道程も、慶長遣欧使節への歴史的評価を入れることで、より明瞭《めいりょう》になるだろう。戦国時代から江戸時代への過渡期の外交を論じるときに、政宗の外交を抜きにすることはできないのである。

「帝国」日本の登場

本書では、秀吉・家康・政宗という、この時代を代表する三人の人物をとおして、戦国時代から江戸時代への大転換を、外交関係を軸に描き出している。こうした視点はこれまでの歴史学にはなかった。秀吉のイメージも変わるが、外交最前線における家康と政宗の姿も新しい視点からみえてくるはずである。

徳川政権はその後、キリスト教宣教師だけでなく、スペイン人やポルトガル人などの商人も日本から追放した。カトリック国とカトリック教徒たちが日本征服の野望を持ち続けている、との疑念が払拭《ふっしょく》できなかったからである。それにしても、世界中を力に任せて思いのままに征服し、植民地化してきた両国が、なぜ唯々諾々《いいだくだく》とこれに従ったのだろうか。その謎を解くカギは、秀吉や家康を"Emperador"（スペイン語：皇帝）、日本という国を"Imperio"（同：帝国）と呼ぶようになったことにある。秀吉は宣教師やスペイン人たちにカンパクドノ（"Quambacũdono"関白殿）やタイコーサマ（"Taycosama"太閤様）と呼ばれていたが、朝鮮出兵後は彼をして皇帝"Emperador"とする呼称があらわれはじめた。徳川家康が関ヶ原合戦を制したあと、オランダとイギリスを含めたヨーロッパ人は、家康を絶大な権力と軍事力をもつ皇帝（"Emperador""Emperor"）と、例外なく呼ぶようになった。

なぜこの呼称が意味をもつのか。それは、世界最強を誇るかのスペインの国王ですらも"Rey de España"すなわちスペイン国王であり、決してスペイン皇帝ではなかったからである。しかも日本は皇帝呼称とあわせて、国家の最上格としての"Imperio"や"Empire"すなわち「帝国」とも尊称されるようになっている。秀吉・家康と続くなかで、戦国の分裂国家から統一国家へと、日本の国家形態は大きく変わった。秀吉が全国平定を成しとげたことにより、日本は弱肉強食の分裂国家から、強大な軍事力を擁した軍事大国として、世界史のなかに突如として登場することになった。その変化と衝撃をヨーロッパ人たちは、このようにとらえたのである。ここに世界にとっての日本の位置づけが明確にあらわれている。まさに、戦国日本から「帝国」日本への生まれ変わりであった。

これまで江戸時代のいわゆる鎖国は、日本の閉じこもり型外交としてネガティブに評価されてきた。しかし鎖国にいたる歴史展開をみれば、強大な軍事力を有していたがゆえにヨーロッパ列強をも日本主導の管理貿易下におくことができた、ということが明瞭に浮かび上がってくる。弱くて臆病だから鎖国、ではなく、強かったから貿易統制や入国管理を可能にしたのであった。それが、のちに鎖国と呼ばれた体制であった。つまり、強かったから鎖国、なのである。

ヨーロッパ史的には大航海時代といわれるこの世紀に、アフリカ、南北アメリカ、アジアの大半がヨーロッパ列強の植民地になっていった。しかし、日本は植民地にはならなかった。それは、なぜなのか。きわめて関心の高い問題であるにもかかわらず、歴史学的には十分な解答が得られていなかった。本書は、そうした問いへの答えでもある。

第一章　大航海時代と世界の植民地化

1　ヨーロッパの世界進出

一四九四年の世界領土分割条約

大航海時代とは、一五世紀におけるポルトガルとスペインの海外進出を先鞭《せんべん》とし、一六世紀後半には両国に加えてイギリス、オランダ、フランスなどが、非ヨーロッパ世界における領土獲得と植民地交易をめぐって覇権を争った時代である。一六四八年にヨーロッパ諸国によって締結され、領土の相互尊重と内政干渉を控えることを約したウェストファリア条約をもって、大航海時代の区切りとされることが多い。もちろんその後もヨーロッパ諸国による海洋進出は続くが、航海技術を駆使して他地域に膨張し、戦争と征服、そして植民地化を大きく推進した時代としてイメージされてきた。

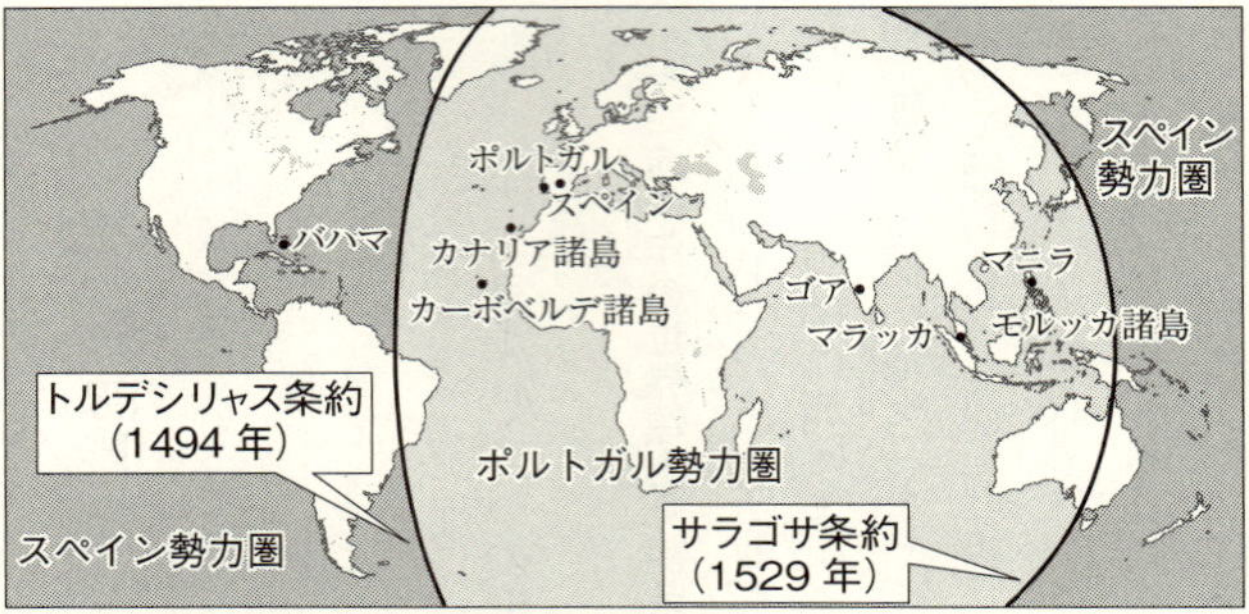

デマルカシオン（世界領土分割）体制

そうしたヨーロッパ列強とアジアおよび日本との関係を考えるさいに、歴史的大前提としてふまえておかなければならないことがある。それは一四九四年に、スペインとポルトガル両国がトルデシリャス条約を締結して、デマルカシオン（世界領土分割）体制を確立させたということである。この条約では、西アフリカ・セネガル沖のカーボベルデ諸島の西の子午線（西経四六度三七分）を基準に、その東側の新領土はポルトガル領、西側はスペイン領とすることを決定した。両国で世界を二つに分けよう、という条約であった。しかし、それにしても両国はなぜこのような条約を締結したのか。

一五世紀以降、この両国が地中海世界から自立して大西洋へと乗り出し、新たな交易ルートの開発や、新領土の獲得へと活動を始めたことから大航海時代は始まった。羅針盤の改良など航海技術が発展し、探検家たちを応援する強力な王権の出現、イベリア半島からのイスラム勢力の駆逐など、社会変動のエネルギーが外に向かって爆発していった。ポルトガルとスペインは先を争うように支配地の獲得に向かったが、探検隊の到達先で両国は支配権をめぐってしばしば衝突していた。そのため一四八一年のローマ教皇シクストゥス四世の布告によって、アフリカ大陸の北西沖にあったカナリア諸島より南の新領土はポルトガル領とされた。これに力を得たポルトガル勢力は大西洋を南下し続け、一四八〇年代末にはアフリカ大陸南端にまで到達している。教皇布告の効果である。

一方、イタリア人のクリストファー・コロンブスはスペイン国王の支援をうけて一四九二年にバハマ諸島に到達した。これは誤って「インディアス」（南アジア一帯のこと）への到達とされたために、そこの先住民たちを「インディアスの人」、つまり「インディオ」（英語ではインディアン）と呼んだ。インディオはスペイン語とポルトガル語であり、インディアンは英語だが、北米の先住民に対してはインディアン、中南米の先住民はインディオと呼ぶことが多い。いまだにアメリカの先住民を「インディオ」や「インディアン」と呼ぶことがあるのは、これに由来する。

コロンブスによるカリブ海諸島発見の知らせをうけたスペイン出身のローマ教皇アレクサンデル六世は、一四九三年に、北アフリカの西の沖合で大西洋の中央あたりを通過する子午線を境界に、それより西側の土地はすべてスペイン領にするという教皇勅書を出している

(教皇子午線)。ポルトガルに対抗してスペインの権益を守ろうとしたとされている。

しかし、これに不満をもったポルトガル国王がスペイン国王と交渉し、教皇子午線で示された境界線をさらに西側に移動させることで合意した(西経四六度三七分)。それにもとづいて締結されたのが、先のトルデシリャス条約である。これによって、ポルトガルはアフリカ・アジア地域でスペインの影響力を排除できたし、スペインの側は現在のブラジルを除くアメリカ大陸の全域に進出することが可能になった。このようにトルデシリャス条約は、世界を二分割し、スペインとポルトガルの勢力が及んだ地域を自国領土とすることを確認した独善的な条約であった。これをデマルカシオン体制(世界領土分割体制)ともいう。この条約を承認したローマ教皇は、両国に新世界住民のキリスト教化を委託したということになる。なお、トルデシリャス条約の原本は、二〇〇七年にスペインとポルトガルの共同申請でユネスコの記憶遺産に登録された。

スペインの南北アメリカ征服

スペインとポルトガルによる征服活動は、もちろん平和的ではなかった。コロンブスやヴァスコ・ダ・ガマ、フェルディナンド・マゼランなどは、大航海時代を代表する海洋探検家として歴史の教科書にも紹介されているが、到達地では多数の地元民たちを殺害している。

住民を拉致《らち》して多くの奴隷も連れ帰った。こうした事実をみると、これら探検家たちの事績は、たんなる冒険譚として語れるほど、きれいなものではない。まさに侵略者としての役割をはたしたのであった。

たとえばコロンブスは、最初に到達したカリブ海諸島において、一説に五万人以上ともいわれる先住民の大虐殺をおこなったとされている。その後、スペイン人たちはメキシコを征服し、その地域をヌエバ・エスパーニャ（"Nueva España"）と呼んだが、それは「新しいスペイン」という意味であった。さらに中央アメリカに進出したスペイン人たちは、一五二〇年代にはアステカ王国やマヤ系諸王国を滅ぼして一気に中米地域を征服し、勢いをかってコロンビア、ペルーなど南米にも侵攻した。一五三三年にはインカ帝国を滅ぼし、植民地としている。

アメリカ大陸でのスペイン人による無慈悲で残虐な征服行為を告発・非難したのが、修道士のスペイン人ラス・カサスだった。彼はコロンブスが占領したエスパニョーラ島やキューバ島での征服戦争に一五〇二年から従事したが、その非道さと先住民インディオの悲惨な状況に耐えかねて、一五二二年にカトリック教会の修道会であるドミニコ会に入会し、三〇年代から侵略行為への批判を続けた。それらの文書をまとめたのが『インディアスの破壊についての簡潔な報告』（染田秀藤訳、岩波文庫）である。インディアスとは、南北アメリカ大陸やフィリピン群島など、スペインが領有した地域の名称である。スペイン政府にはインディアス顧問会議が設置され、これら植民地の支配を管掌している。

カサスによると、一五〇二年から四二年までの四〇年間に、中南米で二五八〇万人から二八八〇万人のインディオが征服戦争の犠牲になったという。同書の「解説」は、カサスのあげた犠牲者数は過大であり、戦争の犠牲者だけではなくヨーロッパ伝来の疫病による死者も含まれているとする。だが、なによりも重視すべきこととして、カサスの報告書には、スペイン人が犯した広範な残虐さについて、「否定できない真実」があるとする点である。カサスは、多くのインディオたちを殺害して手に入れた領土を、スペイン人たちが「神からの授かりもの」と考え、自分たちの行為を「正義」とし、「神の栄光」を讃《たた》えている、と強く非難している。

太平洋航路の発見とフィリピン征服

こうした中南米の征服とは別に、スペインに雇われたポルトガル人のマゼランが、南アメリカ大陸南端で大西洋から太平洋に抜ける航路を発見したのは一五二〇年のことである（マゼラン海峡の発見）。その後、マゼラン艦隊は太平洋を進み、グアム島を経て、一五二一年にセブ島に到達した。マゼランは島民に服従とキリスト教への改宗を強要し、島民の反発をかって殺された。それから四四年後の一五六五年、新たにスペイン艦隊がセブ島に到達し、一五七一年にはマニラを占領している。フィリピン史をひもとけば、諸島で多くの島民が殺されたことを知ることができる。植民者に同伴したカトリック教会ドミニコ会の宣教師たちも布教に励んだ。これらの地域は、当時のスペイン皇太子フェリペ（のちのスペイン国王フェリペ二世）にちなんでラス・イスラス・フィリピナス（フェリペの島々）と命名され、フィリピンという国名の由来になった。

二〇一七年六月、植民地主義者の名前を国名にしていては真のアイデンティティを確立できないとして、フィリピンの下院議員が国名改正法案を提出したと報じられた。だが長い植民地支配のなかでスペイン人と現地住民との混血化が進み、スペイン人との混血が社会の上層を占めているため、変更に反対する意見も根強いという。歴史が積み重ねられた結果、植民地主義との決別も一筋縄ではいかないようである。

ところで、マゼランが大西洋と太平洋を結ぶ航路を発見してフィリピンに到達して以降、何度も艦隊が派遣されたが、アメリカ大陸南端を迂回《うかい》した航海は大変なことだった。すでにメキシコを支配下においていたスペインは、フィリピン諸島とメキシコを直接結ぶ航路の開発を、しばしば試みている。たび重なる失敗のあと、それを実現したのが、スペイン人のアンドレス・デ・ウルダネータという探検家であった。

ウルダネータは、フィリピンから北に進めば太平洋を東へ吹き抜ける貿易風があると考え、北緯三八度まで北東に進んだ。予測通りに偏西風をつかまえると、進路を東にとってカリフォルニアのメンドシノ岬付近にたどり着くことができた。そこから海岸に沿って南下し、メキシコのアカプルコに到達した。太平洋横断航路の発見である。一五六五年のことであった。一三〇日をかけた航海では一四人の乗組員が死んだという。しかし、この「ウルダネータの航路」によってフィリピンとメキシコのあいだの航路が安定し、ガレオン船（帆船）が往復して両地の貿易が盛んになっていった。

興味深いことに、ウルダネータが開発したこの北緯三八度の航路というのは、仙台の沖合になる。じつはこの太平洋横断航路の位置関係が、のちに伊達政宗の登場を招き寄せ、慶長遣欧使節を誕生させることになったのである。

ポルトガルのアジア進出

一方のポルトガルは、先のトルデシリャス条約によってブラジルを支配し、さらに一四八二年にはアフリカ大陸中部のガーナに城塞を築いて金や奴隷貿易の拠点とした。ポルトガル国王ジョアン二世に命じられたディオゴ・カンが、アフリカ大陸南部のナミビアに到達したのは一四八五年のことである。

その後、ヴァスコ・ダ・ガマが南端の喜望峰を越え、アフリカ大陸東岸沿いに北上しながらインドのカリカットに到達したのは一四九八年であった。当時のインドでは、海洋に面して貿易に依存した港町は小さな王国を形成していた。ガマは翌年、その一つであるカリカットから香辛料を母国に持ち帰っている。ポルトガルはその後、ガマが開いた航路をたどってインドへの進出を強化し、インド亜大陸西側のカリカットやゴアを占拠して、そこにアジア支配の拠点を築いた。それまで自由港として栄えていたインドの諸港は、ポルトガルの武力支配下におかれたのであった。一五〇一年から一〇年までのあいだに、ポルトガルからインドに到着した船は一三五隻だという（羽田正、二〇〇七）。年に一〇隻以上が喜望峰航路で往来している。同航路の開発が、インド洋や東南アジア海域の貿易秩序を大きく変えることになった。

インド亜大陸西岸を確保したあとの一五一一年には、マレー半島のマラッカまで進出した。ポルトガル人トメ・ピレスが書いた『東方諸国記』によれば、マラッカではカイロのイスラム教徒から琉球《りゅうきゅう》人まで八四の言語が飛び交っていたという。まさに東西をつなぐ商取引の中心地であった。ポルトガル勢力はこのマラッカを激しく攻撃し、王家を追い出した。しかも、同地にいたアラブ人ムスリム（イスラム教徒）商人全員を殺害したともいう。アラブ人ムスリムはキリスト教と対立する存在であったし、香辛料貿易のライバルだったからである

（村井章介、一九九七）。

ポルトガル人は、さらに南シナ海に進出して明国商人と密貿易をおこないはじめた。彼らは明国政府との正式貿易を希望したが、マラッカでの悪行を知られたことから許可されなかった。そのためポルトガル船長が広州《こうしゅう》の珠江《しゅこう》入り口の島を占拠して要塞を築いたが、明国の軍隊に排撃された。その後も密貿易を続けていたが、一五五二年、広州湾に来たポルトガル艦隊の司令官が明国政府の要請をうけて、沿海を跋扈《ばっこ》していた明人倭寇《わこう》を排除したことから、マカオへの上陸を許された。一五五七年には明国政府から居留を認められている。ポルトガルはここに要塞を築いて、貿易やイエズス会による布教の拠点とした。マカオを得たことは、その後に展開する日本との交易や布教の拠点として大きな意義があった。

一五二九年のサラゴサ条約

一四九四年に地球を二分割するトルデシリャス条約を結んで以降、ポルトガルは喜望峰経由の東回り航路を開発し、スペインはマゼラン海峡経由で太平洋を横断する西回り航路を開いた。両国の人たちは、あくなき拡張欲に突き動かされて、それぞれ東西に勢力圏を広げていった。その結果、両国勢力は地球の裏側にあたる東南アジアで再び出会うことになった。地球は丸いということが、これによって現実的に証明された。

香辛料の産地であるモルッカ諸島には、先にポルトガル人が入っていたが、ここにスペイン人が到達したのは一五二一年のことである。ここでも両勢力がしばしば衝突し、占有権を主張しあうことになった。そこでスペイン国王とポルトガル国王の調整により、スペインはポルトガルから賠償金を得てモルッカ諸島から撤退し、同諸島の東の子午線（東経一四四度三〇分）を境界とする条約を一五二九年に結ぶことになる。これがサラゴサ条約である。地球の表面全体が、こうして両国によって半分ずつに区切られた。

この子午線はモルッカ諸島のはるか東部のニューギニア島中央部を通っており、スペインが占拠しているフィリピンはこの子午線の西側になる。したがって子午線を基準にすればポルトガル領ということになるが、スペインが先取権を主張してフィリピンはスペインの支配下に入ることになった。つまり、スペインはモルッカ諸島から手を引くが、フィリピンは確保するという交換条件であった。子午線を境にしたとはいっても、先取と占領の現実に対応した内容になったのである。これにより、ポルトガルはマラッカとマカオを拠点にアジア交易を展開し、スペインはフィリピンを拠点に活動を展開していくことになる。

ところで、この東経一四四度三〇分を北に延ばしていくと、日本では北海道の釧路《くしろ》と網走《あばしり》のラインを通過する。当時この地域は蝦夷地《えぞち》と呼ばれるアイヌ民族の生活領域であり、まだ日本の領域としては明確化していなかった。しかし、いまのように経緯度の測定が正確ではない当時にあっては、このような位置関係にある日本はポルトガル勢力とスペイン勢力がともに支配権を主張できる微妙なエリアだったということである。サラゴサ条約締結時は、まだ日本のことは十分に認識されていないが、その後、両勢力がいずれも日本にアプローチしてきたのは、ともに支配権を主張できる位置にあったからでもある。カトリックの宣教師たちもこのサラゴサ条約に従いながら、ポルトガルはイエズス会、スペインはフランシスコ会などが中心となってアジアでの布教活動を強力に展開していくことになる。かくして、ポルトガルとスペインの両勢力が日本にアプローチする歴史的前提が整うことになった。

ポルトガル人とスペイン人の日本上陸

一五四三年に、ポルトガル人の乗ったジャンク船が種子島に漂着して鉄砲を日本に伝えたという有名な故事がある。ジャンク船の持ち主は、倭寇の首魁《しゅかい》である明人の王直《おうちょく》であった。ポルトガル商人が倭寇とつながって、南シナ海から東シナ海へと活動の幅を広げていたことがわかる。明人や日本人からなる倭寇は、この海域の海賊であり貿易商人であったから、漂着しなくとも、そう遠くない時期にポルトガル商人は日本に来航しただろう。

ポルトガル系のイエズス会士フランシスコ・ザビエルが鹿児島に上陸したのは、それから数年後の一五四九年のことであった。マラッカで出会った日本人に案内されて来航した。一五五〇年には平戸《ひらど》にポルトガル船が入港し、領主の松浦隆信《まつらたかのぶ》がキリスト教を保護したことから、五年後には信徒が五〇〇人を超え、六一年には九〇人のポルトガル人がいたという。

　一方、スペイン人が日本にやってきたのは一五八四年のことである。そこからマニラを拠点にした対日交易が始まった。やがてスペイン系のフランシスコ会宣教師たちもマニラから渡航し、日本布教に取り組みはじめた。そのことが日本布教をめぐって、イエズス会系とフランシスコ会系の争いを生み出すことにもなっていく。まさしくサラゴサ条約ライン上の争いであった。

　なお、一五七八年にポルトガルのセバスティアン国王が継嗣を残さないまま死去し、跡をついだエンリケ一世も後継者を決めずに没したことから、セバスティアン国王の伯父だったスペイン国王フェリペ二世がポルトガル王位を請求してリスボンに軍隊を派遣し、一五八〇年に即位した。スペイン国王がポルトガル国王を兼ねる同君連合の成立である。その後一六四〇年に独立運動で独自の王政を復活させるまで、この体制が続いた。

　国王兼務体制であっても両国は相互に独立した国家だと確認されていたが、やはりスペインに優位性があったことから、両国によるデマルカシオン体制（世界領土分割体制）にも影響を与えることになった。たとえば一五八五年の教皇教書では、日本宣教をポルトガル系イエズス会に限定していたが、一五九〇年代に入ると、スペイン系のフランシスコ会士がマニラから日本に上陸している。これは教皇教書を無視した行動だとされており、スペイン系修道会の強気があらわれている。その後もスペイン系修道会は、イエズス会にのみ日本宣教を認めた教皇教書に執拗《しつよう》に抗議し続けた。その結果一六〇〇年、ローマ教皇は日本での宣教活動をイエズス会以外のフランシスコ会やドミニコ会およびアウグスティノ会などの修道士にも認め、マニラから渡航する日本宣教活動も合法化されることになった。そのことが家康や伊達政宗の外交にも大きな影響を与えることになる。

トルデシリャス条約五〇〇年記念事業

地中海の出入り口イベリア半島に盤踞《ばんきょ》するスペインとポルトガルは、世界征服をめざして競合しつつも、世界領土分割条約を結んで共存の道を歩んだ。とはいえ、境界ゾーンとなった東南アジアや日本では国益がぶつかりあった。また同じカトリック国ではあったが、宣教組織であるイエズス会はポルトガル系、フランシスコ会やドミニコ会はスペイン系であったことから、日本宣教をめぐっては宗派の対立も表面化することになった。

スペインとポルトガルの世界征服事業は、貿易と支配によって利益を獲得するというだけではなく、カトリックの布教によって非キリスト教地帯を文明化するという正義の事業だった。力によって世界を支配しようとする独善的な植民地化事業も、「神の国」をつくるという大義によって正当化されていたのである。

日本ではあまり知られていないが、一九九四年にポルトガルは、トルデシリャス条約五〇〇年を記念したコインを発行している。この条約は前述のように、一四九四年にポルトガルとスペインが世界を分割支配することを確認した条約である。両国による世界侵略と植民地化を示す代表的な歴史根拠なのだが、五〇〇年後の現代においても、記念のコインを発行し、堂々とこうした過去の事跡を顕彰している。

またポルトガルが植民地にしたブラジルでも、ポルトガルと同じ年に同条約五〇〇年を記念した切手が発行されている。かつての宗主国と植民地の関係、および両国の歴史認識のあり方として興味深い。

イギリス・オランダの世界進出

大航海時代に世界に進出したのはスペインとポルトガルだけではなかった。イギリスとオランダも、あとを追うように海洋に乗り出していった。

このうちスペインの支配下にあったオランダは、一五六八年に独立戦争を始めている。現在のオランダが位置するネーデルラント地方は、スペインのハプスブルク家の支配をうけていた。一六世紀前半に起きた宗教改革によって多くがプロテスタントになっていたネーデルルラントに対して、スペインはカトリックを強要していた。こうした弾圧への反抗から始まった戦いであった。

カトリックとプロテスタントの対立は、一六一八年から始まった三十年戦争によって西ヨーロッパ全域に拡大していった。宗教戦争であり、民族対立であり、国家間の領土戦争でもあった三十年戦争は、ようやく一六四八年のウェストファリア条約で収束するが、オランダのスペインからの独立もこのときに実現した。

この間スペインは、イングランド国教会を設立してローマ教皇から離反しつつあったイギリスとも関係を悪化させていった。しかもイギリスの海賊船がしばしばスペイン船を襲っていたことから、スペイン国王フェリペ二世は、一五八八年、イギリスへの侵攻を企て、英仏海峡で両国の軍船が対決した。しかし目論見《もくろみ》が外れて、イギリス軍がスペインの無敵艦隊を撃退するという結果になった。いわゆるアルマダの海戦である。

この勝利は、ヨーロッパ中のプロテスタントに大きな勇気を与えることになった。イギリスはこれに力を得て、アジアへの進出を強め、一六〇〇年にイギリス東インド会社を設立した。ここにいう東インドとは現在のインドと東南アジアを指しており、会社というのはロンドンの商人たちが出資者となって組織された企業のことである。その東インド会社がイギリス政府から、東インド地域の貿易独占権を与えられたのであった。この会社は貿易権だけではなく、領土支配をおこなう権限も与えられていたことから、植民地開拓の役割もはたすことになった。

イギリス東インド会社はスマトラ島やジャワ島、インド亜大陸北東部に拠点をおいて香辛料貿易を展開した。マレー半島のパタニ王国やタイのアユタヤなどにも商館をおいて貿易圏の拡大をはかり、やがて日本にもアクセスすることになる。イギリス国王の使節が来日し、幕府の許可を得て平戸に商館を開いたのは一六一三年のことである。

オランダもイギリスに続いて一六〇二年にオランダ東インド会社を設立した。スペインからの独立戦争を始めたオランダは、アジアルートをもつスペインとの香辛料取引がむずかしくなっており、独自にアジア航路を開発する必要に迫られた。一五九〇年代にジャワ島とのルートを確保したが、イギリスが東インド会社を発足させたことから、競争力を高めるために、オランダでも複数の商社を統合したオランダ東インド会社を設立したのであった。同会社には、オランダ国家から条約の締結権や軍隊の交戦権などの特権が与えられていた。まさに植民地獲得の推進主体としての役割を担ったのである。すでにマラッカなどを拠点にアジア貿易の主導権を握っていたポルトガルや、東南アジアの小さな王国と戦いながら、一六〇〇年代初頭にはジャワ島に地盤を築くにいたった。

オランダ船が日本に初めてやってきたのは、マゼラン海峡を越えて太平洋に抜けたリーフデ号が豊後《ぶんご》国に漂着したことを契機とする。一六〇〇年であった。これを機に日本はオランダとの貿易関係を強めていくことになる。リーフデ号にはイギリス人のウィリアム・アダムス（のち日本に帰化して三浦按針《みうらあんじん》と名乗る）が航海士として乗船していた。一六一三年にイギリス国王の使者が来航したのは、アダムスの仲介によるものであった。

このように、ポルトガル人の種子島来島に始まるヨーロッパ人と日本との接触は、およそ半世紀のあいだに、スペイン人、オランダ人、イギリス人へと拡大していった。ポルトガル人とスペイン人の来日は南蛮貿易や南蛮文化という、新しい貿易とキリスト教というカルチャーショックを日本に与えた。イベリア半島のポルトガルとスペインがもたらした衝撃であるから、イベリア・インパクト（イベリアン・インパクト）ともいわれている。ただし、その後のオランダとイギリスの来航を含めると、この半世紀の新しい展開は、ヨーロピアン・インパクトといってよいだろう。

このヨーロピアン・インパクトに日本がどう対応したのか。それが現代につながるその後の日本のあり方に、どのような影響を与えることになったのか。本書では、その時代の天下人である織田信長、豊臣秀吉と徳川家康、さらにスペインに深く食い込もうとした伊達政宗の動きに焦点をあてて、外交史の視点から激動の半世紀を描き出していくことになる。

2　明国征服論と日本征服論

ポルトガルとスペインの明国征服論

ポルトガル人やスペイン人、そしてイエズス会宣教師たちが語ったアジア征服に関する書簡は多数残されている。高瀬弘一郎氏の『キリシタン時代の研究』に、その主要な翻訳文が掲載されているので、同書をもとに明国征服論と日本征服論のいくつかを紹介しておきたい。

とくに明国征服論は、即時征服論と時宜征服論とに分けることができる。即時征服論というのは一刻も早い即時の征服行動を主張したものであり、時宜征服論は即時にではないが状況をみながら適切な時期に征服行動を起こす、という意見のことである。

まず即時征服論だが、スペインのフィリピン総督フランシスコ・デ・サンデは一五七六年にスペイン国王に対して、鉄・生糸等の貿易を確保するために明国へ軍隊を派遣しなければならないと上申している。貿易品を確保するための軍隊派遣であるから、これほど露骨な軍事制圧論はない。スペイン国王は翌年の返書で、いまは適切な時期ではないとしているが、もし友好政策を改める必要があるときは然《しか》るべき措置を命じるとしている。こちらは時宜征服論にあたるといってよい。

フィリピン総督は一五八〇年と八三年にも明国征服論を国王に上申しているので、これが植民地為政者の現場感覚だったのだろう。とくに八三年のディエゴ・ロンキーリョ総督の書簡では、明国の為政者が宣教を妨害しているので征服行動を起こすことは正当であるとして、国王に迅速に遠征隊を派遣することを求めている。しかも、わずか八〇〇〇人のスペイン兵と一〇隻ないし一二隻のガレオン船で簡単に明国を征服できるとまで豪語していた。

こうした認識は宣教師たちも同様に抱いていた。マニラ司教ドミンゴ・デ・サラサールは一五八三年にスペイン国王に対して、明国が布教を妨害していることは武装攻撃を正当化するとして、わずかな鉄砲隊で何百万人もの野蛮人を殺すことができるので、できるだけ迅速に軍勢を派遣するよう要請している。一五八四年にイエズス会のアロンソ・サンチェスがマカオから同会日本準管区長ガスパル・コエリョに宛《あ》てた書簡では、明人を改宗させることは不可能なので、メキシコやペルーと同じように征服すべきだと書き送っていた。

このような露骨な即時征服論に対して、もう少し適切な時期を待とうという意見もあった。時宜征服論である。たとえば一五八二年にマカオの宣教師アルメイダがフィリピン総督に送った書簡では、広東《カントン》を占領するだけなら二〇〇人の兵隊で十分だが、明国全土を征服するためには、まずは布教に取り組み、そのうえで一万ないし一万二〇〇〇人の軍勢を送り込めばよいと述べている。硬軟両様取り混ぜての征服論である。イエズス会東インド巡察師ヴァリニャーノ（在マカオ）も同年、フィリピン総督に宛てて、征服事業の最大のものは「シナを征服すること」だとする。「尤《もっと》もそれは着手すべき時宜と条件に適《かな》えばのことである」とも指摘しているので、時宜征服論だといってよい。

一五八四年にマカオのサン・パウロ・コレジオ院長フランシスコ・カブラルからスペイン国王へ送られた書簡でも、征服の段取りについて相当に露骨なことが述べられている。いまの明国は宣教師の入国も貿易も認めているので征服事業を正当化することはできないが、貿易を口実にマカオへの移住民を増やせば広東の役人は関税収入を増やすために何らかの不法をはたらくだろう、これは戦争をおこなう理由となる、陸下が征服事業を決定すれば、それを正当化する口実には事欠かない、と。布教が妨害されればそれを口実とし、布教を容認しているのであれば別な理由を探し出すというのだから、征服にかけるこの強欲さはなにをかいわんやだろう。時間をかけて征服の理由をつくろうということであるから、時宜征服論になる。

前出したヴァリニャーノが一五八二年にフィリピン総督に書いた手紙には、「私は多くの人がそれ（明国征服）について語り、いろいろ多くの計画を立てているのを耳にしている」とある。つまり宣教師たちの世界では、即時征服論か時宜征服論かの違いはあるとしても、明国征服についてほとんど異論なく意見交換がなされていたことを、この書簡は証明している。それは前述した「デマルカシオン」（世界領土分割）体制のなかでの議論であるから、彼らにとっては当然の論理だった。また、キリスト教によって世界を文明化するという、彼らの強い正義感のあらわれでもあった。

表1　イエズス会の日本宣教組織

総会長
｜
インド管区長
｜
インド管区巡察師
｜
日本布教長
（1581年日本準管区長に変更）
｜
司祭（神父）
｜
修道士

イエズス会の日本宣教組織

日本についてどのような話がなされていたのかをみる前に、イエズス会の日本宣教組織について簡単に説明しておこう（表1）。同会の最高責任者は総会長であり、管区長や巡察師の任命権をもつ。インド管区は現在のインドということではなく、ポルトガル領インドとされた地域、すなわちインドをはじめ、東南アジアや明国、日本を含めたアジアの領域であった。その地域の責任者がインド管区長だが、管轄領域が広大なため、管区長を補佐する特別職としてインド管区巡察師が任命されることもあった。

この巡察師で知られているのは、すでに名前の出てきているアレッサンドロ・ヴァリニャーノである。彼は一五七三年に巡察師に任命され、一回目は一五七九年から八二年まで、二回目は一五九〇年から九二年まで、三回目は一五九八年から一六〇三年までの三回、来日している。彼が一回目に来日したときには織田信長に謁見し、安土《あづち》城を描いた狩野松栄《かのうしょうえい》作の屏風《びょうぶ》を贈られ、教皇グレゴリウス一三世に献上された。天正遣欧少年使節を日本から教皇のもとに派遣することを発案したのもヴァリニャーノであった。二回目の来日は豊臣秀吉が一五八七年にバテレン追放令を発布したあとだったが、ローマ教皇のもとを訪れた天正遣欧少年使節の帰国にあわせて来日した。一五九一年（天正一九）に聚楽第《じゅらくだい》で豊臣秀吉に謁見し、少年使節は西洋の音楽を奏で、秀吉を大いに喜ばせたという。

アレッサンドロ・ヴァリニャーノ

インド管区のなかにおかれ、巡察師の指導をうけたのが日本布教区であり、その責任者が日本布教長であった。一五八一年にはヴァリニャーノの指示により、日本布教区は日本準管区に昇格した。初代の日本準管区長が、のちに出てくるガスパル・コエリョである。一六一一年にはインド管区から独立して日本管区となった。江戸幕府が江戸・京都・駿府《すんぷ》をはじめとする直轄地に禁教令を公布したのは、その翌年のことであった。

ポルトガルとスペインの日本征服論

さて、そのイエズス会士が書いた日本征服の文章をいくつか紹介しておきたい。最初は、第一回目の日本巡察を終えたヴァリニャーノがマカオからフィリピン総督に宛てた一五八二年の書簡である。日本の国民は非常に勇敢で、しかも絶えず軍事訓練を積んでいるので征服は困難だ、とある。織田信長と大名たちとの実際の戦争状態を目の当たりにして、その戦闘力の高さを認識したためだろうか。日本征服については慎重に進めなければならないとしている。「しかしながら、シナにおいて陛下（フィリピン総督）がおこないたいと思っていることのために、日本は時とともに、非常に益することになるであろう。それ故に日本の地を極めて重視する必要がある」。総督が考える明国征服にとって日本は重要な役割をはたすだろうともいう。うまく日本を使えるように時と条件を見極めようということだから、時宜征服論だといってよい。

これに対して、積極的な攻勢をかけることを主張したのはイエズス会日本準管区長ガスパル・コエリョであった。彼は一五八五年にイエズス会のフィリピン布教長アントニオ・セデーニョに宛てて次のように書いた。日本に早急に兵隊・弾薬・大砲、数隻のフラガータ船を派遣してほしい、キリスト教徒の大名を支援し、服従しようとしない敵に脅威を与えるためである、これで諸侯たちの改宗が進むだろう、と。松田毅一《きいち》氏によれば、これより少し前の一五八〇年頃、巡察師のヴァリニャーノは、九州肥前《ひぜん》国の大名龍造寺隆信《りゅうぞうじたかのぶ》と対立していた同国の有馬晴信《ありまはるのぶ》を軍事的に支援し、これに感謝して有馬はキリスト教に改宗したという。コエリョはフィリピンからの軍隊派遣を得て、これをもっと多方面に実行したかったのだろう。

しかもコエリョは、日本六六か国すべてが改宗すれば、フェリペ国王は日本人のように好戦的で怜悧《れいり》な兵隊を得て、いっそう容易に明国を征服することができるであろうとも述べている。日本支配への意欲がみなぎっている。明国征服の前段としての日本征服という位置づけは、ヴァリニャーノと同様に明確である。

こうした意見は、その後も出続ける。一五八一年までイエズス会日本布教長を務めたサン・パウロ・コレジオ院長のフランシスコ・カブラルが、一五八四年にスペイン国王に宛てた書簡には次のようにある。明国を征服するために、日本に駐在しているイエズス会のパードレ（神父）たちは容易に二〇〇〇～三〇〇〇人の日本人キリスト教徒を送ることができる、彼らはうち続く戦争に従軍しているので、陸、海の戦闘に大変勇敢な兵隊であり、少しの給料で喜んで馳《は》せ参じるだろう、と。また、アウグスティノ会士のフライ・フランシスコ・マンリーケによる一五八八年のスペイン国王宛書簡では、もし陛下が戦争によって明国に攻め入り、そこを占領するつもりなら、陛下に味方するよう日本において王たちにはたらきかけるべきである、キリスト教徒の王は四人にすぎないが、一〇万以上の兵が赴くことができ、

表2　イエズス会高位者による明国征服のための兵力動員計画

人員	サンデ（1576年）	カブラル（1584年）	サンチェス（1586年）
スペイン人	5,000〜6,000人	7,000〜10,000人	10,000〜12,000人
日本人	出動（人数不明）	2,000〜3,000人	5,000〜6,000人
*ビサヤ人		5,000〜6,000人	
ポルトガル人	200〜300人		
インド		軍勢の一部	500人
フィリピン		軍勢の一部	
ペルー		軍勢の一部	
メキシコ		軍勢の一部	

〔出典〕サンデ：フィリピン総督。平山篤子『スペイン帝国と中華帝国の邂逅』第３章
カブラル：1581年まで日本布教長、この時期はマカオのサン・パウロ・コレジオ院長。高瀬弘一郎『キリシタン時代の研究』第３章
サンチェス：イエズス会神父。平山前掲書
*「ビサヤ人」とはセブ島のあるビサヤ諸島の住民のこと

彼らがわが軍を指揮すれば明国を占領することは容易であろう、と述べられていた。

先に紹介した明国征服論では、マニラはもちろんだが、インドやメキシコからの派兵が論じられていた。しかしここでは、明国を征服するためには日本からの軍事動員が効果的であることが異口同音に述べられている。まずは日本での改宗を実現し、神の名のもとに日本兵を明国侵略に駆り出す構想であった。

表2に、イエズス会の有力者であるサンデとカブラルとサンチェスの三人が明国征服のために見込んだ動員兵力を掲げた。いずれも日本兵が組み込まれている。マニラ司教のサラサールは一五八三年に、スペイン国王の命令にもとづいて在日イエズス会士が明国への出兵を命じれば、日本のキリシタン大名たちは忠実に従うと

述べている。実際、平戸の領主松浦氏や小西行長《こにしゆきなが》が、スペイン側から要請があり次第、十分に武装した兵隊を、わずかな費用で、明国をはじめブルネイ、シャム、モルッカのどこへでも差し向けると表明していた。フィリピン総督サンティアゴ・デ・ベーラがメキシコ副王に宛てた一五八七年の書簡に、そう記されている（パステルス、一九九四）。

一五七〇年代から八〇年代にかけて日本ではキリスト教徒が急速に増え、キリシタンとなった大名や武将たちは宣教師の指示に忠実だとみなされていた。日本支配の実現を楽観視していたようであり、日本兵の動員もそうむずかしいことではないと理解されていたのである。

第二章　信長とイエズス会

1　フランシスコ・ザビエルの日本布教

ザビエル、日本人の案内で鹿児島に上陸

フランシスコ・ザビエルが初めて鹿児島に上陸したのは一五四九年のことだが、彼を案内したのは日本人だった。『聖フランシスコ・ザビエル全書簡』によると、ザビエルは二人のイエズス会員と一人の修道士、三人の日本人信者（パウロ、アントニオ、ジョアン）を連れて日本に向けてマラッカを出発した、とある。三人の日本人信者のうち、日本名や素性がわかるのはパウロだけで、アンジローと呼ばれていた。あとの二人は洗礼名しかわからない。アンジローは薩摩《さつま》の出身だったが、殺人を犯してマラッカに逃亡しており、そこでザビエルに出会ったとされている。マラッカは一五一一年、ポルトガル人によって占拠されて以来、そ

フランシスコ・ザビエル

の支配下におかれた。インド洋や東南アジア、南シナ海の広い海域にわたる交易拠点となっていた港湾都市である。ザビエルに気に入られたアンジローはインドのゴアに連れていかれ、そこでキリスト教の教理を学んで入信している。ゴアは、ポルトガルのアジア支配の拠点であった。

　この時代には多くの日本人が明国や東南アジアに渡っていた。鎖国というかたちで海外との通航が制限されるようになるのは徳川幕府になってから、それも一六三〇年代以降のことである。一四世紀にはアユタヤ（現在のタイ）に日本人町ができていた。一六世紀には一〇〇〇人から一五〇〇人の日本人がいたという。こうした日本人町は東南アジアの各地にあった。規模は小さいが、ホイアン（ベトナム）、プノンペン（カンボジア）、マニラ（フィリピン）などにもあった。貿易商人として、労働者として、あるいは傭兵《ようへい》として、日本人はどんどん海外に出て行っていた。奴隷として売り飛ばされた人たちもいた。奴隷身分の傭兵も少なくなかったようだ。宣教師たちも東南アジアを歩きまわっていたから、あちこちで日本人と出会ったろう。ザビエルに同行したアンジロー以外の二人の日本人も東南アジアで宣教師に出会い、キリスト教徒になった。

先に日本に来航していたポルトガル商人からも、日本の領主がキリスト教に関心を示し、神父の派遣を求めているという書状がザビエルのもとに届いていた。このころまでにポルトガル商人が出入りしていたのは薩摩と豊後なので、その領主とは島津貴久《しまづたかひさ》か大友義鎮《おおともよししげ》（宗《そう》麟《りん》）だと推定されている。

鹿児島に入ったザビエルは、アンジローの伝手《つて》で薩摩の領主島津貴久に容易に拝謁する機会を得ている。島津氏はアンジローの帰国を喜んだというから、元は島津の家臣だったのかもしれない。イエスを抱いたマリア像をみせると、貴久はマリア像の前にひざまずいて拝むほど感激したという。ポルトガルのマラッカ長官がもたせた鉄砲、火薬、生糸、ガラス製品などを献上し、布教を許せばポルトガル人との貿易はもっと盛んになるだろうと、島津氏の領内での布教の許可を求めた。すると島津氏は、いとも簡単に領内での布教を許可している。

最初の布教は仏教用語

島津領内で最初の信徒になったのは、アンジローの母や妻や娘、そして友人だった。ザビエルが教理書をポルトガル語で読み上げ、脇でアンジローが日本語で解説するという方法をとっていた。やがて、日本語に翻訳した信仰箇条をローマ字で書き、それを読み上げるようになった。四〇日ほどで「神の十戒」（旧約聖書にある「モーセの十戒」）を日本語で説明できるほどになったとあるのは、そのことだろう（『聖フランシスコ・ザビエル全書簡』）。

それにしても、ザビエルのおぼつかない日本語やアンジローの通訳した説教を聞いて、日本人は本当にキリスト教を理解したのだろうか。実際のところアンジローは、聖母マリアのことを「観音」、天国（パライソ）のことは「極楽」と訳していた。神様の訳語は「大日《だいにち》」であった。大日如来《だいにちにょらい》の「大日」のことである。唯一神の観念が日本にはないので、アンジローは困ってしまって「大日」と訳したのだろう。のちに来日した宣教師のヴァリニャーノは、「全くひどい訳だ」と批判しているが、大日如来は仏教では無限宇宙にあまねく存在する超越者という位置づけであるから、最初の訳語としてはそれなりに筋が通っているといってもよい。つまりザビエルたちは日本人に「大日を拝みなさい」と呼びかけたわけであるから、日本人たちはキリスト教を仏教の一派だと思って抵抗感なく受け入れたということだろう。

その後ザビエルは、さすがに「大日」ではまずいということに気づいて「天道」と言うようになった。「天道」は「天地をつかさどり、すべてを見通す超自然の存在」、あるいは「人間の是非の判断を超えたもの」「人知を超えた摂理」という意味をもっているので、日本語で超越的存在を示す用語としては不自然ではない。もう少しあとになると、こうした翻訳語ではキリスト教の正しい概念を伝えられないとして、神のことはそのまま「デウス」、「マリア」のことも「観音」ではなく原語通りに「マリア」と言うようになった。しかしこれまでの研究により、慶長年間（一六〇〇年初頭）まではイエズス会もデウスのことを「天道」と呼ぶことを容認していたとされている。

デウスとは「天道」のことであるという説教を聞けば、多くの日本人はあまり抵抗を感じなかったのではないか。だからこそキリスト教が伝来してわずか四〇年ほどで三〇万人もの信者を得ることができたのだろう。仏教において、僧侶らはともかく、一般レベルでは各宗派の教義にこだわることはあまりなかったし、家付きの宗派または縁故などによって所属の宗派が決まっていたようなものだった。寺院自体が宗派替えをすることもあったのだから、俗人の宗派替えもありえただろう。したがって新しく知ったキリスト教に帰依することは、それほど深刻な宗旨替えでも不自然なことでもなかったと思われる。

ザビエルは、ローマのイエズス会に宛てた書簡で、島津家の紋章（家紋）が「白い十字架」を用いているのをみて驚いたが、それはキリストとは関係なかったと書いている。笑い話のようなエピソードだが、領主や領民の反応に一喜一憂した様子がみてとれる。

島津領で入信者が増えてくるようになると、やがて仏僧たちが領主の貴久に、領民がキリスト教の信者になることを許すのであれば神社仏閣は破壊され、領民は離反するだろう、と布教禁止を強く求めるようになった。早くも仏教界との確執が生まれたのであった。神社仏閣の破壊行為が実際におこなわれたのかどうかは不明だが、仏教界の宗派争いであれば仏閣の破壊にまで及ぶことはないであろうから、キリスト教についてはその排他的な性格がすぐに知れ渡ったということである。この時期であっても情報はすでに国際化されていたので、インドや東南アジアでの宣教師たちの行為が伝わってきていたのかもしれない。こうした動きを懸念した貴久は、家臣・領民に信者にならないよう命じた。

貴久はイエズス会を通じてポルトガル船の来航を期待していたが、すぐに来航することはなかった。待ちきれなかったということも信仰禁止の理由の一つかもしれないが、薩摩には坊津《ぼうのつ》という良港があり、明や琉球との貿易が盛んであったから、ポルトガル人との交易にこだわる必要性が小さかったのかもしれない。

日本の国王に会えず

一年ほどの鹿児島滞在で、ザビエルは一〇〇人ほどの信者を獲得した。しかしこの地に見切りをつけたザビエルは、アンジローと別れて平戸に向かった。一五五〇年（天文《てんぶん》一九）のことである。ここに二ヶ月滞在して一〇〇人ほどを信者にしたという。同伴した修道士のファン・フェルナンデスが日本語を話せるようになっていたので、日本語に訳した本を読み説教をしたという。同じころにポルトガル船が平戸に初めて来航し、領主の松浦氏に大いに歓迎された。だが、日本の国王（天皇）から布教の許可をもらうことを望んだザビエルは、山口を経て京都に向かう。ザビエルはまだ、当時の政治の実態を十分に理解しておらず、最高権力者は天皇であり、天皇の許可さえうければ日本全国での布教が可能になると理解していた。

京都に着いたザビエルは、後奈良《ごなら》天皇に面会できず、天皇と将軍の権威が落ちていることを知った。しかも京都は、応仁《おうにん》の乱以降の戦乱で荒れ果てていた。ザビエルの書簡によると、昔は一八万戸あったが、焦土となって一〇万戸程度になっていたという。ザビエルが入京したときも戦争が起こりそうな状態で、街角で布教しようとすると嘲笑《ちょうしょう》されたり石を投げられたために、とても布教できるような状態ではなかったという。そのため、わずか一〇日程度で京都を去って山口に戻っている。

山口では、本来なら天皇に献上する予定であった進物を領主の大内義隆《おおうちよしたか》に贈っているので、個別の大名ごとに布教許可を得なければならないということを認識したのだろう。もちろん義隆はザビエルを大いに歓迎し、住居兼教会として廃寺を与えている。ザビエルたちはそこで毎日一回の説教をし、大勢の僧侶や尼、武士や庶民たちが来たそうだ。仏教の教えが偽りであり、神の教えこそ真理であることを理解させようと応答を繰り返した結果、幾日かたつと徐々に信者になる者があらわれはじめた。武士身分の者が多かったとある。このころにはザビエルも少しは日本語をしゃべれるようになっていたから、自分の言葉で教義を語ることができたのだろう。さらに五〇〇人ほど信者が増えたという。

ザビエルは山口に数ヶ月滞在したあと、ポルトガル船が来着したとの情報を得て豊後国に向かった。領主の大友義鎮（宗麟）は、領内での布教を許可した。だが、ザビエルは豊後滞在わずか二ヶ月にして、一五五一年一一月に日本を発った。この機会を利用して大友義鎮は、ザビエルに二人の使者を同行させてポルトガル国王とポルトガルのインド副王に親書を届けた。戦国大名が個別に外交を展開することができたのである。のちに伊達政宗が遣欧使節を派遣したのも、同様の戦国大名型外交だということができる。大友氏の積極的な誘致策が功を奏して、豊後府内に多くのポルトガルの商人や宣教師が訪れるようになり、一大キリシタン領国となっていった。

2　信長と宣教師たちの出会い

ルイス・フロイスと織田信長

ルイス・フロイスは『日本史』の著者として、現代日本人にもよく知られたポルトガル人宣教師である。彼が日本にやって来たのは一五六三年だった。一五九七年に長崎で没するまでの三四年間、一度も日本を離れることなく、生涯を日本での布教に尽くした。もともと語学と文筆の才に優れていたが、イエズス会総会長から日本におけるイエズス会の活動を記録するよう指示されたため、詳細な日本記録を残すことになった。たんなる布教の記録ではなく、信長や秀吉をはじめとする武将の動きを臨場感たっぷりに描き、政治・社会の動向も書かれていることから、戦国時代の歴史研究に必須《ひっす》の記録となった。ここでは、信長とのかかわりを素描するにとどめておきたい。

フロイスが京都で将軍足利義輝《あしかがよしてる》に伺候《しこう》することを許されたのは、一五六五年のことである。義輝はこれより先の一五六〇年（永禄《えいろく》三）に、宣教師に対して京都滞在を許可し、事実上キリスト教の布教を容認した。だがフロイスが拝謁したあと、将軍義輝は畿内の領主三好義継《みよしよしつぐ》と松永久秀《まつながひさひで》の謀反により殺害されてしまった。すると僧侶などの反キリスト教勢力のはたらきかけをうけた朝廷は、京都からの宣教師追放令を出した。そのためフロイスは堺に身を潜めて京都復帰の機会をうかがうことになる。そこに登場したのが、織田信長であった。

一五六八年（永禄一一）、信長が足利義昭《よしあき》を奉じて上洛すると、宣教師をめぐる状況は一変した。フロイスが信長に初めて会ったのは、その翌年である。信長と将軍義昭はフロイスらの京都在住を認めたが、仏僧日乗《にちじょう》のはたらきかけをうけた正親町《おおぎまち》天皇は、バテレン追放の綸旨《りんじ》を出した。岐阜を訪ねたフロイスに信長は、万事は予の権力のもとにある、望みのところに滞在せよ、と言ったという。そのためフロイスたちは、京都での宣教を再開することができた。このとき信長は、天皇の綸旨を無力化させるほどの力をもっていたということである。

信長のイエズス会に対する姿勢は総じて好意的だったが、一五七八年（天正六）、摂津国《せっつ》大名の荒木村重《あらきむらしげ》が謀反したとき、信長は宣教師オルガンティーノを呼んで、荒木の与力であったキリシタン武将高山右近《たかやまうこん》を投降させるよう命じた。右近の調略がうまくいけばどこに教会を建ててもよいが、失敗すれば宣教師全員を磔《はりつけ》にし、キリシタンを皆殺しにすると言ったという。また一五八〇年（天正八）に信長が一向《いっこう》宗の総本山である石山本願寺《いしやまほんがんじ》を攻撃したさい、彼は仏教勢力に敵愾心《てきがいしん》を燃やすキリシタン兵士を多く動員したともある。

イエズス会が新たな宗教勢力として地歩を確立しつつあるのをみた信長は、硬軟両様の手《て》管《くだ》を使ってイエズス会を籠絡《ろうらく》したといってよいだろう。信長と敵対する仏教勢力の牽制《けんせい》に役に立つと思ったから保護したのであり、逆に役に立たないと判断したときには切り捨てられる可能性があった。だからこそイエズス会宣教師たちは、信長に舶来品のプレゼント攻勢をかけたのだったし、信長の反応と動きに一喜一憂せざるをえなかったのである。

信長、世界を知る

フロイスは幾度か信長と会話をしているが、信長はフロイス自身のことをはじめ、ヨーロッパやインドのこと、そこからの旅程や書簡のやりとりなど細かい質問をした。なぜそのような遠い国から日本に来たのかを尋ねられると、フロイスは、世界の創造主で人類の救い主であるデウスの御旨《みむね》に添って、日本人に救いの道を教えるためだと答えた。信長は、それだけのために長い道のりを航海し、考えるだけでも恐ろしい危険をみずから進んで引き受けたのか、と驚いている。

信長はフロイスやオルガンティーノとの会話のなかで、ポルトガルという国やローマ教皇のこと、ポルトガルがインドのゴアを支配し、そこにポルトガルのインド副王がいて、宣教師たちがその保護のもとに派遣されてきていることを知った。おそらくフロイスやオルガンティーノは、デウスの信仰が世界に宣べ伝えられている様子も語ったに違いない。ポルトガル人が伝えた鉄砲を巧みに利用して天下取りを進めた信長のことであるから、このような武器をもたらしたポルトガルのことは知っていただろう。だが宣教師たちの話から信長は、世界に激しく進出しつつあるポルトガルや、デウスの信仰に命をかける宣教師たちの強い使命感を初めて知ったに違いない。それらは唐・天竺を越えた、途方もなく遠い、信長の知らない異国の話や動きだった。

信長に世界の広さと日本の位置を認識させたに違いないのが、オルガンティーノが贈呈した地球儀だった。オルガンティーノの説明を聞いた信長は、地球が丸いことを即座に認識したということだが、彼らが来た海路を示すと、汝《なんじ》らは盗賊か、あるいは反対に汝らの説教に偉大なものがあるに相違ない、と言ったという。宣教師たちの活動に、いかがわしさと神秘さの双方を信長は感じていたのだろう。

一五七九年（天正七）に来日したイエズス会東インド管区巡察師のヴァリニャーノは、九州のキリシタン大名と共同して天正遣欧少年使節をポルトガル国王とローマ教皇のもとに派遣したことで知られている。一五八一年に信長と謁見したさい、信長は世界地図をみながら彼が来た海路を説明させたという。信長がみた地図を特定することはできないが、まだ地理的情報が十分ではなかったから日本は小さく描かれていただろう。天正遣欧少年使節たちも、世界地図を初めてみたときに、小さく描かれている日本をみて驚いたとある（『デ・サンデ天正遣欧使節記』）。ただ、それをみた信長が臆した気配はない。その後の動きをみると、地球儀といい、世界地図といい、信長の世界観を刺激するには十分だったに違いない。

信長の世界観

宣教師たちと接するなかで信長が抱いた世界観を垣間見せるのが、フロイスの次の二つの文章である。

一つは、一五六九年（永禄一二）にイエズス会の京都での活動を信長が容認したことについて、家臣の松永久秀が、バテレンの呪《のろ》うべき教えがおこなわれるところは常に国も市も直ちに崩壊して滅亡するだろう、と言ったことに対する信長の反応である。信長は、たった一人の異国の者が日本でどんな害悪をなすことができるというのか、小心者にはあきれる、と答えたという。

松永の発言からみると、宣教師たちの活動が国を滅ぼす性格のものだという情報があったと理解してよい。ザビエルが日本で布教を始めてすぐに、島津領ではキリシタンによって神社仏閣が破壊されるという噂が流れていた。一五六〇年代には宣教師を受け入れた肥前国横《よこ》瀬浦《せうら》（現長崎県西海市《さいかい》）の領主大村氏に対して地元の僧侶たちが、領内に土地を与えて教会を建てさせるとポルトガル人たちがやってきてそこに城を建て、この地を奪うだろうと批判したとある。一五六三年に重臣二五人とともに受洗した純忠《すみただ》は、すぐに寺社の破壊を命じているから、非キリシタン家臣からの反発も強かった。横瀬浦の教会は、この年に大村氏の家臣によって焼かれた。

またフロイスは、豊後のキリシタン大名である大友義鎮に対して重臣の田原親堅《たわらちかかた》が、宣教師たちは日本で相当数のキリシタンを得たあとにインドから艦隊を派遣して国を奪いとる計画をしていると言った、と書いている。ここにもかなり明確に、征服の先兵としての布教という受けとめ方があらわれている。だが信長の認識は異なっていた。その理由は後述する。

信長の世界観をうかがわせる二つ目は、一五八一年（天正九）に信長が京都で開催し、一三万人を動員したとされる馬揃《うまぞろ》えの記事である。馬揃えは朝廷からの要請だともされるが、信長が諸大名を牽制し力を誇示するためであるともいわれている。この馬揃えには正親町天皇が臨席していたが、なんとイエズス会インド管区巡察師のヴァリニャーノも招待されていた。席は離れていたとしても、天皇と宣教師を同座させたということに驚く。しかも信長がパレードのさいに座った椅子は、ヴァリニャーノの贈り物であった。フロイスによれば、濃紺色のビロードに金の装飾をほどこした荘厳なイスである。信長はことのほか喜んで、この馬揃えで天皇や公家、大勢の武将たちに披露したのであった。

先にも述べたように、一五六九年、正親町天皇が京都からのバテレン追放の綸旨を出したさい、信長はフロイスに、万事は予の権力のもとにある、望みのところに滞在せよ、と言った。天皇を超える権力を掌握していると自認していたからこその発言だった。その信長が正親町天皇とイエズス会を代表するインド管区巡察師の面前で、後者にプレゼントされた椅子に座ってあらわれる、というパフォーマンスがもつ意味はなにか。

すでにこのとき信長は、フロイスやオルガンティーノ、さらにヴァリニャーノたちから、ポルトガル国王が地球の半分を支配する権力と権威をもっていることを聞いて知っていた。イエズス会はポルトガル国王の庇護《ひご》をうけ、その配下にあることも知っていた。そのような背後の事情を読めば、このパフォーマンスは諸大名向けというにとどまらず、まさに天皇とイエズス会の上に信長が君臨するというメッセージにほかならない。それを演劇的に視覚化したのが、この馬揃えの大デモンストレーションであった。このときの信長の意識は、ポルトガルと日本を股《また》にかけるところまできていたといってよい。これがフロイスの記事からわかる信長の二つ目の世界観である。

これらに関連して、次の史料にも注目しておきたい。この大規模な馬揃えと、絹の高級織物である金紗《きんしゃ》を身にまとい、「後ろに花を挿した帽子」をかぶってビロードの椅子に座った信長の姿を見た正親町天皇が、「唐国もかようのこと、あるまじく」（『立入左京亮入道隆佐記《たてりさきょうのすけにゅうどうりゅうさき》』）と述べたことである。京都の群衆たちも、「本朝の儀は申すに及ばず、唐土・高麗《こうらい》までも、かほどの有り様はない」（『信長記』第十四）と囃《はや》し立てたという。上下の者たちが明国と比較して、同じように信長の勢威を褒めそやしているのだから、信長自身もそうした意識をもったに違いない。天皇の権力を押さえ、イエズス会とその向こうにあるポルトガル国王を見据え、明国をも超えたと上目からみることのできる意識。信長はこのとき、ヨーロッパの大国と東洋の大国を相対化し、その上にみずからが君臨する姿を思い描いていたのではないだろうか。

「安土城之図」にこめたメッセージ

馬揃えの大パレードを終えた信長は安土に戻り、京都からヴァリニャーノを呼び寄せている。信長は安土城下に修道院をおくことを許可していたが、巡察師のヴァリニャーノだけではなく、その司祭・修道士たちを招いて安土城を隅から隅までみせたという。信長は城下のコレジオ（学校）を訪問し、西洋楽器の演奏を楽しんだこともあるので、イエズス会への肩入れには並々ならぬものがあった。

信長のイエズス会への特別な思いは、帰国するヴァリニャーノに、「安土城之図」を贈ったことからもわかる。フロイスによると、安土城と城下の風景を詳細に描いた屛風絵であった。狩野永徳《えいとく》の父狩野松栄に信長が描かせたもので、天皇の高覧もうけたほどの屛風絵であり、信長愛蔵の逸品であった（若桑みどり、二〇〇八）。なぜこの絵を贈ったのかというと、「伴天連殿（ヴァリニャーノのこと）が予に会うためにはるばる遠方から訪ね来て、当市に長らく滞在し、今や帰途につこうとするに当り、予の思い出となるものを提供したいと思うが、予が何にも増して気に入っているかの屛風を贈与したい」（『完訳フロイス日本史』3）ということであった。

それにしても信長はなぜ、安土を描いたこの屏風絵をヴァリニャーノに与えたのだろうか。もちろん、たんなる手土産ではあるまい。その後、この屏風絵は、ヴァリニャーノが九州から伴った遣欧少年使節らとともにローマに運ばれ、教皇に献上されている。これをみたローマ教皇は大いに満足の様子だったと、『天正年間遣欧使節見聞対話録』(エドゥアルド・サンデ)にある。ただし残念ながら、この絵はバチカンにも現存していない。

ヴァリニャーノは信長に、「特に安土山に関して言葉では容易に説明しかねることを、絵画を通じ、シナ、インド、ヨーロッパなどにおいて紹介できるので、他のいかなる品よりも貴重である」と答えていた。信長が造った壮麗なる安土城の威容を世界に紹介する、といっている。それは信長の権力と日本という国の威風を宣べ広めるということである。信長が期待したのは、このことだった。

信長はフロイスやオルガンティーノやヴァリニャーノから、ポルトガルが拠点としている明国のマカオのことやマラッカのこと、インドのゴアやポルトガルという国と国王のことも、そして世界にキリスト教を広めようとする司令塔のローマカトリック教会と教皇のことも、なにもかも聞いていた。信長がなにかにつけ細かな質問をしてきたとフロイスは書いている。信長は世界のことを知りたがったし、その話を聞いて、ポルトガル国王やローマ教皇の権力と勢威、そして世界の情勢を認識したに違いない。

だからこそ信長は、あえて「安土城之図」をヴァリニャーノに託し、ローマ教皇に届けさせたのではないか。それはもちろん、ローマ教皇やイエズス会、またはポルトガル国王に親近感を示すためでも、敬意を表すためでもなかった。東洋のこの壮麗な安土城には織田信長という国王がいるのだ、というメッセージを発するためだったといってよい。信長の目は、世界を支配しようとする地中海世界に向いていたのであった。

信長の明国征服構想

これまで述べてきたような信長の世界認識をふまえれば、フロイスの次の記事も素直に理解できる。一五八二年にフロイスがイエズス会総会長に宛てた書簡の一節である。

「信長は（中略）、毛利を平定し、日本六十六ヵ国の絶対君主となった暁には、一大艦隊を編成してシナを武力で征服し、諸国を自らの子息たちに分ち与える考えであった」（『完訳フロイス日本史』3）

諸大名を平定したあとに「支那」（明国）を征服する、という信長の発言である。こうした情報がどのようにしてフロイスのもとに届いたのか、定かではない。フロイスによると、四国出陣を命じられた信長三男の信孝《のぶたか》は、キリシタンになる願望をもっており、そのためオルガンティーノが別離の挨拶《あいさつ》に出向いたというから、そこからの情報かもしれない。フロイスの『日本史』やその他の報告書をみると、信長の動きに関する詳細な記事が少なくない。信長が宣教師たちと親しくしていたということもあるが、信長の身辺にもキリシタンとなった家臣が存在し、そこから諸種の情報を得ていたのだと思われる。

右の記事は、甲斐《かい》の武田《たけだ》氏を滅ぼしたあと、四国の長宗我部《ちょうそかべ》元親《もとちか》攻略のために信孝を派遣し、羽柴秀吉を毛利攻めにあたらせている最中のこととして書かれている。その「毛利を平定」するために、秀吉への援軍を命じられたのが明智光秀《あけちみつひで》であった。破竹の勢いの信長からすれば毛利の降伏も眼前のことだと考えていたのだろう。さらに九州や関東、奥羽の諸大名をも服従させるという見通しをもっていたに違いない。まさに「日本六十六ヵ国の絶対君主」が手の届くところまできたという思いが、右のような発言になったのだと思われる。

前述したように、このころの日本は、イエズス会やポルトガルが世界を征服の対象としていることを知っていた。信長は宣教師たちから、ポルトガルがインドやマラッカを征服し、拠点とする明国のマカオから彼らが来航したことを聞いていた。一五七〇年代にはイエズス会士のなかで明国征服論や日本征服論が盛んに唱えられているので、信長もそうした情報をキャッチしていたに違いない。

一五八七年にイエズス会士が同会総会長に宛てた書簡には、生前の信長と秀吉が交わした興味深い一節が紹介されている。あるとき秀吉が信長に、イエズス会士は日本を征服し支配する目的をもっていると話したところ、信長は、「あのように遠いところから、その目的(日本を征服すること—筆者注)を達成するのに十分なだけの(ポルトガルの)兵士が、来るのは不可能だ」と語ったという(高橋裕史、二〇一二)。

この文章によると、秀吉と信長のあいだでイエズス会のことが話題になり、秀吉がイエズス会による日本侵略に懸念を示したところ、信長は、日本を征服できるほどのポルトガル兵士がやってくるのは不可能だと応じている。「あのように遠いところから」というのは、ポルトガルが交易の拠点としていた中国のマカオではなく、ポルトガルのアジア支配の拠点であったインドのゴアのことを指しているのだと思われる。イエズス会のアジア拠点もゴアにあった。

ポルトガル兵があのように遠いインドから来るのは不可能だという言葉には、ポルトガルの実力では遠征は無理だという意味もあるだろう。だが、信長は自分の軍事力に自信をもっていたから、生半可な軍勢では日本を征服できないぞ、という意味もある。日本の防衛力はそれだけ強いという認識である。ここからは信長のポルトガルへの強い対抗心を読み取ることができる。

そのポルトガル人やイエズス会は、明国もねらっていた。信長は、その明国を取るという考えを抱いていた。ポルトガルに対しても、大したことはないという意識があった。信長の明国征服論がどこから出てきたのかということを考えた場合、ポルトガルという国への対抗心が明国征服論を生み出したとみてよいだろう。

秀吉に命じた毛利攻めは、その階段を登るためであった。だが援軍を命じられた明智光秀は進路を変えて、信長が滞在する京都の本能寺を急襲した。信長が自刃したのは、一五八二年（天正一〇）六月のことである。明国征服の大言壮語から、わずか二週間ほどのちのことだった。

第三章　秀吉のアジア征服構想はなぜ生まれたか

1　秀吉とイエズス会

朝鮮出兵をめぐる従来の理解

戦功をあげた家臣に新たな領地を与えることで主従関係を維持するのが、武家社会の習わしだった。これが歴史の教科書にも出てくる御恩と奉公の関係である。褒美（御恩）を与えられた家臣は、ますます主君に忠誠を励む（奉公）ようになる。それが戦に燃えるサムライたちを生み出し、鎌倉時代以来の弱肉強食の社会をつくり出してきた。戦国時代にはこれが頂点に達し、全国いたるところで領土拡張のための戦乱が発生した。だが、全国を統一し、私戦を禁止した秀吉には、褒賞として与える土地が不足していた。そのために海外に新たな領土を求めざるをえなくなり、それが朝鮮への出兵となった。

以上のような理解が、これまでの研究が示してきた朝鮮出兵に関する基本認識である。主従のいずれもが海外へ領土を求めざるをえない理由、つまり領土拡張欲があったということであるから、出兵の根本原因は日本の側にあるということである。

だが、いきなり出兵するわけにはいかない。そこであげられてきたのが、「征明嚮導《せいみんきょうどう》」や「仮途入明《かとにゅうみん》」を朝鮮が拒否したという理由であった。「征明嚮導」とは、明国征服のために日本軍の案内役、あるいは攻撃の先駆けをなすべしということであり、「仮途入明」とは、明国に向かう日本軍の朝鮮国内の通行を認めるということである。いずれも明国征服のために朝鮮に協力を求めたもので、対馬《つしま》の宗《そう》氏などを通じて交渉がおこなわれている。しかし、明を宗主国とする朝鮮にとって受け入れられることではなかった。そこで秀吉は一方的に朝鮮半島に出兵し、朝鮮を平定したうえで明国征服に取りかかることにした。朝鮮に難題を吹きかけた結果としての出兵であり、侵略だったということである。これが大筋の流れであり、筋が通っているようにみえる。

だが、よく考えてみると不思議なことがある。たんに領土拡張が目的であれば、まず最初に、隣接した朝鮮の征服構想が出てくるはずだ。だが残された史料によると、最初に出てきたのは、朝鮮より遠い明国や南蛮（東南アジア）・天竺（インド）の征服構想だった。手近な朝鮮ではなく、遠くの国々が秀吉の征服すべき対象になっていたのである。それはいったいなぜなのか。

その理由がじつは、よくわからなかった。だからこそ領土拡張説以外にも、さまざまな説が唱えられてきた。たとえば、政権内部や国内統治の矛盾を対外的緊張の創出で解消しようとしたとする説、明国との勘合貿易の復活をねらったものとする説、あるいは明国が構築している冊封《さくほう》体制（明皇帝と各地国王との主従関係）からの自立を指向したとする説、明皇帝に代わって中華皇帝になろうとした野望説などが、その代表的なものである。

たしかにこれらは、なぜ朝鮮や明国を征服するのかという理由にはなっている。だが、なぜ南蛮や天竺までもが征服の対象になっているのかが説明されているわけではない。この点が、いまだに解明されていないのである。

朝鮮出兵や征明構想だけでも、秀吉は誇大妄想に取り憑《つ》かれていたとされてきた。これに南蛮や天竺までも加わったとなれば、まったく非現実的であり、奇想天外な計画だとみなすしかなかった。狂気説が根強いのは、そのためでもある。しかし、当時の世界情勢と突き合わせてみると、明国、南蛮、天竺までをも征服しようとする秀吉の構想に明確な根拠のあったことがみえてくる。

明国征服構想を抱いた時期

そこでまず、秀吉はいつから明国征服構想をもったのかという点から確認しておこう。前述した「信長の明国征服構想」の項で、秀吉が信長に対してポルトガルの侵略性について注意を喚起するようなやりとりを交わしていたことを紹介した。このような会話が信長とのあいだでなされていたのであるから、明国征服計画も話題にしていた可能性がある。であれば、秀吉も信長とともに明国征服を夢想していたかもしれない。だがそれを直接示す史料は、いまのところない。

現段階で秀吉が征明に言及したもっとも古い記録とされているのは、関白就任直後の一五八五年（天正一三）、家臣の一柳《ひとつやなぎ》市介《いちすけ》宛の書状にある、「日本国ことは申すにおよばず、唐国まで仰せつけられ候心に候か」という文言である（『豊臣秀吉朝鮮侵略関係史料』1）。唐国というのは当時の明国のことであり、「仰せつけられ候心」というのは支配下におく計画という意味である。

翌一五八六年には、イエズス会日本準管区長ガスパル・コエリョが大坂城で秀吉に謁見して日本での布教を許可されているが、そのさい秀吉は次のように言ったと、通訳したルイス・フロイスが記録している。すなわち、国内平定後は日本を弟の秀長《ひでなが》に譲るが、朝鮮と明国を征服するため新たに二〇〇〇隻の船を建造する。バテレンからは大型帆船二隻と優秀な航海士を提供してほしい、もし明国が自分に帰服すれば明国人にキリシタンになることを命じ、日本でも半分か大部分をキリシタンにさせよう、という発言である（同前）。たしかに天下統一を成しとげた関白として、領土拡張の目を海外に向けたとしても不思議はない。膨らむばかりの秀吉の野望であった。

ただし興味深いのは、明国出兵の目的について秀吉が、いまだかつて日本の君主が企てることができなかったことを成しとげたい、明国が自分に帰服するなら占領しようとは思っていない、ただ自分に服従させたいだけだ、とも語っていることである。実際の軍事的占領ということではなく、明国が服属の意思さえ示せばそれでよいということである。こうした姿勢は、のちに秀吉がスペインのフィリピン総督に服属の使者を派遣せよと要求したことに通じている。彼は宣教師たちをみずからのコントロール下におき、アジアの大国として君臨してきた明国の上に立ちたいという欲求を抑えきれなかったのである。

日本・ポルトガル連合による征明計画

前項で紹介したように、一五八六年（天正一四）に大坂城でイエズス会日本準管区長コエリョに会った豊臣秀吉は、明国出兵の計画を語り、ポルトガルの大型帆船二隻の提供で合意していた。いつから秀吉は明国征服を考えるようになったのかの手がかりとして紹介したのだが、このときの会話はほかにもあった。

　会見の様子を報じたオルガンティーノは、コエリョが秀吉に九州への出陣を要請し、出陣のさいには九州のキリシタン大名をすべて秀吉側に立たせるよう尽力することを述べたと記している。コエリョの本音は、島津氏（薩摩）に圧迫されつつあるキリシタン大名の有馬氏（肥前）と大友氏（豊後）への援助を求めることだったが、秀吉には宣教師たちがキリシタン大名を動員する力をもっていることを印象づけることになった。加えて、ポルトガルの大型帆船二隻を提供するという話は、イエズス会とポルトガルとの軍事的結びつきを秀吉に確信させた。日本国内で急速に政治力と軍事力を蓄え、長崎をも直轄領として支配するようになったイエズス会に対して、天下人である秀吉が警戒を強めるのは当然だった。

　この場に同席したフロイスによると、このとき秀吉は、「二十万から三十万の軍勢を率いてシナに渡り、その国を征服する決意であるが、ポルトガル人らはこれを喜ぶやいなや」と聞いたそうだ。「その問いに対するポルトガル人らの答えを聞くと、関白は無上《むじょう》に満悦した」（『完訳フロイス日本史』4）とある。この様子からみて、コエリョが、それに同意し、協力を表明したことは間違いないだろう。ポルトガルの大型帆船二隻の提供は、その文脈で理解できる。この席で秀吉はコエリョに、長崎の港は教会に与えることを約束したともあるので、なおさら協力を表明する以外になかっただろう。

もしこれが実現すれば、明国征服は日本とポルトガルの同盟によって実施されるということになる。しかも、日本主導の明国征服計画にポルトガルを従わせるという計画であった。前に紹介したように、コエリョは即時日本征服論を唱えてフィリピンに軍隊の派遣を求めていた。改宗した日本の兵隊を動員して明国を征服できるとも考えていた。これはあくまでポルトガル・イエズス会主導型の明国征服である。コエリョがこの計画をイエズス会のフィリピン布教長アントニオ・セデーニョに知らせたのは、この前年の一五八五年のことであった。一年後に、よもや秀吉から日本による明国征服に協力を求められるとは思ってもいなかったのではないか。

しかしコエリョは、イエズス会に寛大な秀吉を巧みに利用して、ポルトガル・日本の軍事同盟による明国征服を実現できると考えたのかもしれない。だからこそコエリョは翌一五八七年七月、九州平定を終えて博多に滞陣中の秀吉に、軍船のフスタ船をみせたのではないだろうか。明国征服では軍事同盟を結ぶことになるのだから、そのアピールだったのだろう。そうとでも考えないと、長崎からわざわざフスタ船を回航させて秀吉にみせた意味が読み解けないのである。

大坂城での秀吉とコエリョの会見の場では、もう一つ重大なことが話題になっていた。一五九〇年にヴァリニャーノがイエズス会総会長に宛てた書簡に、この経緯が報告されている。

それはコエリョが、明国出兵のさいには、二隻のポルトガル船だけではなく、ポルトガル領インド副王に要請して援軍を送らせようと語った、ということである。秀吉はコエリョの提案に満足したような様子をみせたので、コエリョはキリスト教界やイエズス会のために自分が非常に巧みに振る舞ったと思いこんだという。だがヴァリニャーノは、それがコエリョの決定的な誤りだったとみなした。結果からいえば、たしかにそうとしかいえない。

こうしたコエリョの発言を聞けば、秀吉がポルトガルの軍隊は日本にまでやってくることが可能なのだ、と受けとめるのは当然のことだろう。現代の日本の歴史研究者のなかには、ポルトガルの軍隊が日本に遠征する可能性は低かったと考える人もいるが、こうしたやりとりをみると、当事者としては現実性を帯びたものだったといってよい。

2 バテレン追放令

軍事力への懸念

イエズス会士たちの楽観的な思惑を根底から覆すような事件が、一五八七年七月二四日(天正一五年六月一九日)に発生した。バテレン追放令である。その趣旨は、神国日本にキリシタン国より悪魔の教えを説くためにバテレンたちが渡来し、神社仏閣を破壊するので、二

フスタ船の模型（日本二十六聖人記念館提供）

〇日以内に日本から立ち去れ、ただし貿易に来るのは差し支えない、というものだった。

追放令発布の九日前には日本準管区長のコエリョに対して、博多では好きなところに教会を建てよと好意的な対応をしていた秀吉が、なぜ急変したのか。その理由についてはいくつかの指摘があるが、イエズス会インド管区巡察師のヴァリニャーノは、同会日本準管区長コエリョによる「軽率な振る舞い」がバテレン追放令発布の引き金になったと述べている。九州平定のために博多に在陣していた秀吉にコエリョが、いかにも自慢げに大砲を積んだフスタ船（軍船）をみせたことがそれである。

フスタ船というのは、遠浅の港にも出入りができるように船底を浅くしているが、数門の大砲を装備した手こぎの帆船である。艦内をくまなく視察した秀吉は、装備された大砲を発射させて、この船が軍船であることをしっかりと認識した。このフスタ船は長崎で造船されたものだと思われるが、これより一〇年ほど前の一五七八年に、長崎領主の大村純忠が「大筒」（大砲）を積んだ「ふすたと申す軍船」で、長崎を攻めてきた隣の領主である深堀純賢《ふかほりすみかた》と龍造寺の連合軍を蹴《け》散《ち》らしたという記録がある（松田毅一、一九七八）。このときのフスタ船も、イエズス会とポルトガル人が造らせたものだった。ポルトガル勢力は、日本で軍船を造る能力を有していたのである。秀吉はそれを目の当たりにしたのだった。

秀吉側近の高山右近と小西行長は、フスタ船をみた秀吉の反応を恐れて、コエリョにその船を秀吉に献上するように勧めたほどだったというから、ヴァリニャーノの指摘はあたっているだろう。前述のように、一五八六年にコエリョは秀吉に、明国征服のさいのポルトガル船の提供やインドからの援軍の派遣を申し出ていた。このことも重なって秀吉は、イエズス会やポルトガルが有する軍事力への強い懸念を抱いたのだと思われる。

少しあとの一五九三年に、イタリア人マルコ・アントーニオがフィリピン総督におこなった証言には、宣教師たちが大砲を備えて武装したフスタ船をもち、数多くの領地と権力を有していることや、彼らが強大になることに、秀吉は強い「敵意」と「憎悪」を抱いていた、とある（松田毅一、一九九二）。彼は、イエズス会巡察師ヴァリニャーノが龍造寺氏と対立する有馬晴信を、武装したフスタ船を出して援助したことも秀吉の疑心をかったと証言していた。

イエズス会への疑心

しかも秀吉は、宣教師たちが軍事力だけではなく、日本のキリシタン大名をも意のままにあやつる権力を有していたことや、キリスト教徒としての団結力にも大きな危機感を抱いていた。バテレン追放令を発布したその日に、秀吉は宣教師たちを強く批判している。

「奴ら伴天連らは、別のより高度な知識を根拠とし、（一向宗とは）異なった方法によって、日本の大身（大名等）、貴族、名士を獲得しようとして活動している。彼ら相互の団結力は、一向宗のそれよりも鞏固《きょうこ》である。このいとも狡猾《こうかつ》な手段こそは、日本の諸国を占領し、全国を征服せんとするためであることは微塵《みじん》だに疑惑の余地を残さぬ。なぜならば、同宗派の全信徒は、その宗門に徹底的に服従しているからであり、予はそれらすべての悪を成敗するであろう」（『完訳フロイス日本史』４）

宣教師たちの布教活動が日本を征服することを目的としており、キリスト教徒たちの忠誠心や団結力は、各地で大名や織田信長に敵対した一向宗勢力よりも強い、と危険視していた。バテレン追放は、その危険性を除去するための措置であった。

それは秀吉のたんなる疑心ではなかった。インド管区巡察師として一五九〇年に二回目の来日をしたヴァリニャーノは、バテレン追放令の理由を探るために在日宣教師たちから証言を集めた。それをまとめてイエズス会総会長宛に出した書翰《しょかん》には、次のようにある。

「彼（コエリョ）は、イエズス会士は改宗を口実に当地（日本）に渡来して、大坂の仏僧と同じことを行なって日本王国の支配者になろうとしている、という自分の考えをしばしば明らかにした」（高瀬弘一郎、一九七七）

日本準管区長というイエズス会日本地区トップの要職にあるコエリョは、キリスト教への改宗を口実に渡来して日本国の支配者になる、ということをしばしばしゃべっていた、というのである。在日イエズス会士たちはコエリョのこうした発言を折に触れて耳にしていた、という証言であった。文中にある「大坂の仏僧と同じことをおこなって」というのは信長に抵抗した本願寺勢力（一向一揆）のことだろうから、時の秀吉政権とも戦うということが含意されているのだろう。

しばらくのちの一六〇七年のことだが、一六〇九年に長崎で没するまで四〇年にわたって日本に滞在し、織田信長や豊臣秀吉とも会ったイエズス会宣教師のオルガンティーノが、長崎からイエズス会総会長に宛てた書簡には次のようにあった（同前、一九七七）。

「二〇年ほど前に太閤がわれわれに日本退去を命じた時も、われわれの敵（仏僧）が、イエズス会士は当地に要塞を築き、ルソンからスペインの援軍を呼寄せて日本全土の支配者に反抗しようとしている、と言ってわれわれを非難したからに外ならない。このような中傷のために、イエズス会は日本で有するものすべてを失ってしまった」

ここで注意しておきたいのは、秀吉がバテレン追放令を発した理由について、宣教師たち自身が明確に、イエズス会に領土侵略の野心があると秀吉が考えたからだ、と理解している点である。これが秀吉の誤解や過剰反応でなかったことは、先のコエリョの発言からも裏付けられる。秀吉はスペインやポルトガルの世界侵略の動きや、イエズス会の役割を十分に認識していたのであった。

神社仏閣の破壊

一方、ルイス・フロイスは一五九〇年にイエズス会総会長に宛てた書簡で、バテレン追放令が出されたのは、僧の徳運《とくうん》(施薬院全宗《やくいんぜんそう》)が秀吉に、キリシタン大名が司祭へ服従していることや、領内の神社仏閣の破壊を命じたり、領民・家臣に改宗を強制したことなどを告げたためだと書いている。追放令を発布した翌日、秀吉の使者は博多に滞在中の日本準管区長コエリョを、「キリシタンは、いかなる理由に基づき、神や仏の寺院を破壊し、その像を焼き、その他これに類した冒瀆《ぼうとく》を働くのか」と問いつめている。これに対してコエリョは、キリシタンたちは、「デウス（神）から賜わった光と真理を確信し、なんら我らから説得や勧告をされることなく、神仏は自分たちの救済にも現世の利益にも役立たぬので、自ら決断し、それら神仏の像を時として破壊したり毀滅《きめつ》したのである」と答えている。つまり、自分たちが壊せと指示したのではないと弁明したのであった（『完訳フロイス日本史』4）。

キリスト教史研究者のなかにも、キリシタン大名が勝手に社寺や仏像の破壊を命じたのであってイエズス会の方針ではないという意見もある。だがルイス・フロイスは、コエリョ自身が島原の加津佐《かづさ》で多くの仏像を破壊したことや、キリシタン大名の大村領ではそのコエリョが寺院を焼くことを信者に指示していたと書いている。コエリョに付き添って通訳をしていたフロイスの証言であるから、信憑性《しんぴょうせい》は高い。一五七九年に初めて来日したインド管区巡察師ヴァリニャーノも、イエズス会総会長に宛てた書翰で、イエズス会士の強い要請によってキリシタン大名が領内の神社仏閣を破壊したと報告していた。

キリスト教にとって神社仏閣や仏像は偶像崇拝の最たるものであり、邪教として否定されるべきものであった。宣教師たちが教唆《きょうさ》したり要請すれば、このような教えを刷り込まれた大名たちが領内に破壊命令を出したり、キリスト教徒たちが破壊に走るのは当然のことだといってよい。日本滞在が長く、秀吉とも懇意になっていたイエズス会士のジョアン・ロドリゲスが、一五九一年に秀吉と話したさい、「度を超えた情熱をもって人々を改宗せしめた某殿の慎重さを欠いた態度」が追放令の一因であると語っている。ここにある「某殿」とは高山右近のことだが、たしかに彼は自分の家臣だけではなく領民までも強制的に改宗させていた。秀吉はバテレン追放令をイエズス会に伝達するに先立って、右近が領民に命じて神社仏閣を破壊させたことを「大いなる悪事」であると強く批判し、いまの身分にとどまりたければ棄教せよ、と迫っていた。長崎の大村純忠や豊後の大友氏父子による家臣・領民に対する改宗強制や寺社の破壊も、よく知られている。

バテレン追放令の第一条で、「日本は神国たる処《ところ》」と謳《うた》い、バテレンたちが「神社仏閣を打破らせ」ているのは「前代未聞候」と強く批判しているのは、宣教師やキリシタン大名のそうした行為を指している。一般に廃仏毀釈は神道を国家宗教として定置した明治政府が実施したと理解されているが、日本で最初の廃仏毀釈は宣教師とキリスト教徒がおこなっていたのであった。

秀吉は信仰の自由を認めていた

バテレン追放令は、宣教師の追放を命じたが、キリスト教の信仰自体はどう扱ったのだろうか。バテレン追放令の前日に出された「天正一五年六月一八日付覚」（神宮文庫「御朱印師職古格」所収。以下「一八日覚」と呼ぶ）には、「二百町二三千貫より上の者」がキリシタンになるのは「公儀御意《ぎょい》次第」とある。「二百町」というのは田畑の面積二〇〇町歩（約二〇〇ヘクタール）、「二三千貫」というのは銭に換算した年貢高のことである。この数字はおおよその目安だが、一定以上の知行（領地）をもった武将たちがキリシタンになる場合には、「公儀」（公の権力のこと。ここでは豊臣政権のこと）の許可が必要（「御意次第」）だという意味である。これ以下の知行の場合、その者の「心次第」とあるので、下級武士の信仰は自由にしてよいという意味になる。

知行を与えられた者は武士身分であるから、一定数の家臣や領民を抱えもつような高禄の領主（知行主）は許可を取れということである。つまりは、布教を任務とする宣教師を追放するだけではなく、家臣や領民に改宗を強制しがちな領主層（大名や武将たち）の信仰を抑制しようとしたのであった。

一方、庶民については、「伴天連門徒の儀ハ、其者の心次第たるべき事」、あるいは「伴天連門徒、心さし次第に下々成り候義は、八宗九宗の儀に候間、苦しからざる事」とある。「下々」すなわち庶民がバテレン門徒になるかどうかは「心さし次第」であった。キリスト教徒になっても構わないし、逆に強制されるものでもないということである。これは、キリシタン大名たちが領民に改宗を迫る行為を「曲事《くせごと》」とすることに通じている。「八宗九宗の儀に候間」とあるのは、八つある宗派が九つになったところで問題はない、ということだろう。キリスト教が存在しても一つ宗派が増えるだけで問題はないし、それを信じようが信じまいが庶民は自由だということである。

庶民に権力をもって信仰を強制する可能性のある大名たちには、その信仰を許可制として抑制し、庶民には信仰の自由を認めた。これがバテレン追放令と信仰との関係についての通説的理解だったのだが、近年、キリスト教史研究者のなかから、この「一八日覚」ではたしかにキリスト教信仰を認めているが、翌一九日のバテレン追放令では、大名・武将たちだけではなく、庶民のキリスト教信仰も否定したという解釈が出されている（清水有子、二〇一七）。しかし「一八日覚」にしても、一九日の追放令にしても、宣教師に対する行動規制を明示したものである。しかも、「一八日覚」で示された庶民信仰の自由を認める文言を否定するような表記を、一九日追放令に見出すことはできない。にもかかわらず、一日して庶民のキリスト教信仰が「原理的に否定」されたとするのは、さすがに解釈上の無理がある。

バテレン追放令のあと一五九一年に、秀吉がイエズス会士の通訳ロドリゲスに、「日本では身分の低い者どもがキリシタンとなるのは一向に差支えはない」と語っていたことも紹介しておく（『完訳フロイス日本史』5）。秀吉自身は庶民のキリスト教信仰を認めていた、というイエズス会士からの報告である。もう一つ、こういう証言もある。一五九三年にフィリピン総督に対して、日本に二年間滞在したことのあるイタリア人マルコ・アントーニオが、

「関白はキリスト教や信徒を嫌悪しているのではなく、彼らはみずから望む宗教に従ってよいと公言していた」と報告していた(松田毅一、一九九二)。イエズス会士も、そうでない外国人も、庶民のキリスト教信仰が否定されたとは誰も思っていなかったのである。

日本人売買の禁止について

バテレン追放に関する「一八日覚」では、次のように日本人を奴隷として売買することを厳しく批判し、その停止を命じている。

「大唐、南蛮、高麗え日本仁(人)を売遣《うりつかわ》し候事、曲事《くせごと》。付《つけた》り、日本におゐて人の売買停止の事」

(現代語訳)「明国(大唐)や東南アジア(南蛮)、朝鮮(高麗)に日本人を売り渡しているのは悪事(曲事)である。付言。日本において人の売買は禁止する」

「一八日覚」はそもそも宣教師たちに向けられた条文であるから、ここで日本人売買の禁止を通知しているのも、宣教師たちに対してである。秀吉は、日本人売買に宣教師たちがかかわっていると考えていた。だが、秀吉が使者を遣わしてコエリョを問詰したさいのフロイスの記録によると、少しニュアンスが異なる。すなわち、商用のために渡来するポルトガル人、シャム人、カンボジア人らが多数の日本人を購入し、奴隷として連行している。それは許すべからざる行為である。よってなんじらバテレンは、インドその他遠隔の地に売られていったすべての日本人を日本に連れ戻すよう取り計らうべし。それが無理ならば、現在ポルトガル人らが購入している人々を放免せよ、予はその代金を支払う、と伝えている。

この文言によって日本人奴隷の売買がポルトガル人だけではなく、東南アジアの商人たちによっても広範におこなわれていたことがわかる。これに対してコエリョは、次のように答えた。すなわち、自分も日本人の売買を禁じるよう殿下（秀吉）に懇願したいと思っていた。私たち司祭《パードレ》も、人身売買を廃止させようと、どれほど苦労したかしれない。ここで大事なことは、外国船が来航する港の殿たちが、厳重にそれを禁止しなければならないということである、と。

日本人売買に宣教師は関与していないし、禁止するなら売っている日本人を取り締まるべきだ、という主張である。たしかに日本国内でも戦争捕虜や借金のために家人を売買の対象とすることはあった。だがポルトガル人は海外進出とともに、アフリカやインド・東南アジアで奴隷ビジネスを広範に展開していた。ポルトガル人は鉄砲を初めて日本に伝えたことで知られるが、奴隷商人でもあった。ポルトガル人の渡来とともに日本も奴隷市場に組み込まれたのである。とくに女奴隷は価値があった。

あまりにも多くの日本人男女がポルトガルに連れてこられたことから、ポルトガル国王ド

天正遣欧少年使節

ン・セバスティアンは、日本での布教活動に支障が生じるとして、一五七一年に日本人奴隷の取引を禁止したほどであった。この禁止令は日本にいる宣教師からの要望によって発令されたというから、イエズス会士が奴隷貿易は宗教倫理に反すると考えていたことは事実である。しかしその後も奴隷売買が盛んだったように、この勅令はまったく無視された。

　ところで、インド管区巡察師ヴァリニャーノの発案で、一五八二年（天正一〇）に九州のキリシタン大名である大友宗麟・大村純忠・有馬晴信の名代として四名の少年がローマに派遣された。天正遣欧少年使節だが、彼らの旅程と見聞を記したデ・サンデ著『天正遣欧使節記』

にも、彼らが旅の途中でみた日本人奴隷のことが記されている。

千々石《ちぢわ》ミゲル（正使）：われわれとしてもこのたびの旅行の先々で、売られて奴隷の境涯に落ちた日本人を親しく見たときには、道義をいっさい忘れて、血と言語を同じうする同国人をさながら家畜か駄獣かのように、こんな安い値で手放すわが民族への激しい怒りに燃え立たざるを得なかった。

マルチノ：まったくだ。実際わが民族中のあれほど多数の男女やら、童男・童女が、世界中の、あれほどさまざまな地域へあんな安い値で攫《さら》って行かれて売り捌《さば》かれ、みじめな賤役《せんえき》に身を屈しているのを見て、憐憫《れんびん》の情を催さない者があろうか。

彼らの旅程は長崎を出てマカオ、マラッカ、ゴアを経てアフリカ南端の喜望峰を回り、ポルトガルのリスボンに入っている。どうやら行く先々で日本人奴隷を見かけたようだ。大人だけではなく子供たちも売り捌かれて、みじめな姿をさらしているのをみて憐憫の情を覚えたという。だが、買ったポルトガル人にはいささかの罪もなく、イエズス会も奴隷売買には反対していた、罪はすべて売った日本人にあると述べて、ポルトガル人による奴隷貿易を正当化している。『天正遣欧使節記』は、ポルトガルやキリスト教世界のすばらしさを四人の口を借りて賞賛するために編纂《へんさん》された。そのため、ポルトガル人やイエズス会を正当化するのはやむをえない。だが、ここで確認しておくべきは、少年使節も驚くほどたくさんの日本人奴隷がアジアや南欧の各地にいたということである。秀吉がポルトガル人の奴隷売買を禁止した時代背景を、同書から知ることができる。

イエズス会宣教師が奴隷貿易に関与していたことは、これまでの研究でも明らかにされている（ルシオ・デ・ソウザ、二〇一三）。ポルトガル商人の購入した日本人が合法的に奴隷身分とされることを保証するために、宣教師が奴隷交易許可状を発給していたのであった。奴隷商人とイエズス会は、明らかに馴《な》れ合っていたのである。秀吉のコエリョに対する問詰は、そのことにほかならなかった。

バテレン追放令が出されたあとの一五九一年に、イエズス会の要請によってインドのポルトガル当局が日本人の奴隷取引を禁止している。これは秀吉のバテレン追放令の影響だとされている。バテレン追放令は、宗教と権力が一体化した植民地主義への警告だけではなく、奴隷売買の批判など、世界史的にも重要な意義をもっていたのである。

その後、一五九六年には日本司教のセルケイラが、日本人男女を購入して海外に船載することを禁じ、違反者は破門することを定めた。一六〇三年にはスペイン＝ポルトガル国王も、日本イエズス会からの要請に応えて、日本人の売買を禁じている。だが一六〇五年に国王は、インド・ゴア市からの抗議をうけて、正当・適法な名目があれば日本人奴隷を禁じるものではないという見解を示した。幾度も禁止令が繰り返されたということは奴隷貿易が続いていたということであり、国王が禁止令を曖昧《あいまい》化せざるをえなかったということは、日本の奴隷市場がポルトガル商人にとって、きわめて巨利をもたらすものだったことを示している。

イエズス会の反発

秀吉のバテレン追放令に対してイエズス会側は、当然のことだが強く反発した。とくに日本準管区長ガスパル・コエリョの動きに注目しておこう。一五九〇年一〇月一四日付のヴァリニャーノからイエズス会総会長宛に出された書簡によると、コエリョは大量の火縄銃の買い入れを命じるとともに、有馬晴信や小西行長などのキリシタン大名に反秀吉連合の結成を呼びかけた、とある。武器・弾薬の提供を申し出たのであった。しかしキリシタン大名らはみな、これを拒否している。

一方でコエリョは、フィリピンの総督や司教に対して援軍派遣を要請した。二〇〇～三〇〇人のスペイン兵が来れば要塞を築いて秀吉から教会を守ることができると書き送ったのだが、フィリピン側はこれに応じていない。派兵する余力がなかったともいわれるが、もし派兵していれば秀吉をさらに怒らせ、マニラとの全面戦争に突入し、日本のキリスト教界は全滅させられることになっただろう。賢明な選択だったといってよい。しかしそれでもコエリョはあきらめず、一五八九年に使者をマカオに派遣してヴァリニャーノに兵士二〇〇人を伴って渡日するよう求め、スペイン国王やゴアのインド副王、フィリピン総督などにも援軍派遣をはたらきかけるよう要請している。

ヴァリニャーノはこれを拒否しているが、のちに彼はこうした無謀な企てはコエリョの独断だったと書いている。つまり武力抵抗はイエズス会の方針ではないと言いたかったようだが、この軍事支援要請がコエリョだけの考えではなかったことは、すでに高瀬弘一郎氏が明らかにしている。在日イエズス会の有力神父七人が参加した一五八九年二月の協議会で決定されたものであり、援軍要請に反対したのはオルガンティーノだけで、あとの六人はイエズス会総会長やスペイン国王に派遣をはたらきかけるべきだという意見だった。そのなかには日本のよき理解者とされてきたルイス・フロイスも入っていた（高瀬弘一郎、一九七七）。

フロイスは、この協議会の直前の一月にイエズス会総会長に宛てて、日本に強固な要塞を築き、二〇〇人から三〇〇人の兵士でこれを防備するようスペイン国王に要請することを求めている。こうした考えは、一、二名を除いて古参のパードレと主だった日本人キリスト教徒がもっているとも伝えた。要するにコエリョが独断で援軍派遣を要請したとするヴァリニャーノの報告は、当時の実態とは大きく異なっていたということである。バテレン追放令の責任をコエリョの個人的失策に求めて、イエズス会日本支部を守ろうというのがヴァリニャーノの方針だったのだろうが、むしろ非戦論は日本支部では少数派だったといってよい。

追放令後も活動を継続

秀吉が二〇日以内に国外に退去せよと命じたにもかかわらず、宣教師たちはその後も日本にとどまっていた。このとき日本には、司祭と修道士をあわせて一三六人のイエズス会士がいた。司祭はすべてヨーロッパ人だが、修道士の八七人のうち六九人は日本人だった。彼らは国外退去のために平戸に集まったが、やがてキリシタン大名に引き取られて各地で活動を再開している（パステルス、一九九四）。フロイスによると、いく人もの秀吉の重臣たちに会って教えを説いている。驚いたことに、秀吉が朝鮮に出兵するために急造した城郭都市の肥前国名護屋《なごや》（現佐賀県唐津《からつ》市）でも、そこに集結したキリシタン大名や武将たちに歓迎されたという。それどころか、名護屋で秀吉を訪問したという記事もある。関東では徳川家康がジョアン・ロドリゲスを呼んで仏僧と対論させたり、保護を約束したという記事もあった。これらの記事を読むと、厳しく取り締まられた様子は感じられない。

バテレン追放令の一つである先の「一八日覚」では、領主層が入信するときには秀吉の許可を得よとされていたが、禁教令発布後もキリスト教に改宗した領主は少なくない。だが、彼らが入信にあたって秀吉の許可を得た形跡はないという（高瀬弘一郎、二〇一三）。右の大名や武将たちの動きをみても、「一八日覚」の趣旨が周知されていたとはいいがたい。もし

「一八日覚」が公布されていたのだとしたら、秀吉の譴責を恐れて大名や武将たちは、フロイスが書いているように宣教師を招き入れることなどしなかったのではないだろうか。バテレン追放を明示した「一九日令」は各地に残されているので、全国法令であったことが確認されている。これに対して「一八日覚」は現在のところ、伊勢神宮にしか伝来していないことを考えると、これは公布されたものではなかったということかもしれない。ただ、バテレン追放令の全体の意図は、この両史料をあわせて考えることでみえやすくなる。

信長の時代にヨーロッパに派遣されていた天正遣欧少年使節が一五九〇年に帰国し、彼らを伴ったヴァリニャーノはインド副王の使節として翌年の閏《うるう》一月、大坂城で秀吉から引見された。そのとき秀吉は、宣教師が公然と説教をおこなうことは許されないし、これに背けば教会を根絶すると言ったという。宣教師たちに対しては、布教禁止の原則をたびたび伝えている。一方で、少しあとの一五九九年のことになるが、イエズス会士のペドロ・デ・ラ・クルスは、バテレン追放令は、核心的な迫害ではないと述べている。秀吉が命じたのは四人のキリシタン大名に棄教を迫り、宣教師に日本を去るように命じ、もう布教しないようにと命じたにすぎないからだという。ましてや秀吉は、宣教師たちが長崎付近に滞在することを黙認し、宣教師の仲介で貿易することを望んでいる。それは、「われわれが日本にいなくなるとポルトガル船が渡来しなくなると考えたからである」とみていた（同前、一九七七）。

イエズス会士たちが、半ば堂々と宣教活動を続けていたのは、秀吉のこうした姿勢を見透かしていたからだろう。このような状況をみると、バテレン追放令の内容は強烈だったが、徹底的取締りを意図した法令ではなかったということになる。とすると同令は、宣教師たちに、あまり増長するなと警告する意味合いで発布されたものとみてよいだろう。

ただ長崎はこのとき、秀吉によって没収され直轄領とされた。その後どうなったのだろうか。高瀬弘一郎氏によると、一五九二年のヴァリニャーノの報告に、「長崎の港は関白殿に帰したとはいっても、キリスト教会に関してはそこに何らの変化も生じなかった」とある（同前、二〇〇一）。教会の破壊はおこなわなかったが、貿易の独占はねらったらしい。追放令発布の翌年の一五八八年に渡来したポルトガル船に対して、秀吉の奉行が優先的に買い付けることを命じたが、あまりの安い買い上げ価格に驚いたポルトガル商人は、翌年には商船を長崎に送らなかったという。マカオにいたヴァリニャーノが秀吉に、教会に迫害を加え、生糸を独占したので今年は船を日本には送らない、ポルトガル人との貿易を望むならイエズス会士の日本滞在を許し、ポルトガル人には自由な貿易を許さなければならない、と通告したからであった。これに驚いた秀吉は貿易にイエズス会が仲介することを認めざるをえなくなったという。クルスがポルトガル人がいないと貿易ができないと自信をみせたのは、こうした状況をふまえていたからであった。

ポルトガル人とスペイン人の対立

しかしその後、思わぬ展開が待ち受けていた。一五九二年八月、フィリピン総督の使者としてドミニコ会士ファン・コーボが来日し、朝鮮出兵の出陣基地である肥前名護屋で秀吉に謁見した。のちに詳しくみるが、秀吉は朝鮮出兵の関連外交として、フィリピン総督に日本への服属を要求していた。慌てたフィリピン総督は秀吉に使者を送り、なんとか融和外交にもちこもうとしたのである。その使者がコーボだったのだが、フロイスによると、そのコーボと彼を案内したスペイン人のファン・デ・ソリースが秀吉に対して、ポルトガル人の悪口を種々話したので、それを信じた秀吉はポルトガル人に怒りを抱き、長崎の修道院と教会の破壊を命じたという（『完訳フロイス日本史』5）。

バテレン追放令のあとも破壊されずにいた教会が、フィリピン使節の来日を契機に破壊されたというのだから、イエズス会士は腹の虫が収まらなかったようだ。対日貿易で先行していたポルトガル人はマカオを拠点にしており、日本での布教も一五八五年のローマ教皇勅書によってポルトガル系のイエズス会に保障されていた。一方、フィリピンを占領したスペイン人はマニラを拠点に対日貿易に食い込もうとしていたし、托鉢《たくはつ》修道会（フランシスコ会・ドミニコ会・アウグスティノ会）もイエズス会の布教独占に不満を募らせていた。そうした関係がマニラからの使者たちの言動に反映したのだろう。

フロイスの記事をみても、マニラから使者が来日したことに、長崎のポルトガル人やイエズス会士たちが「心外なこと」だと反応している。少しあとのことになるが、一五九七年にインド管区巡察師ヴァリニャーノは、明国と日本はポルトガルの征服に属する地方なので、スペイン人が日本に進出してはならないと警告していた。一方で、日本にいるイエズス会士のなかでもスペイン人は、日本征服の事業はフィリピンに属するとして、マニラからの宣教師の渡来を歓迎している。イエズス会はポルトガル系だとされているが、会士にはスペイン人もイタリア人もいたので、出身地によって反応の違いを生み出していた。前に、ポルトガルとスペインが世界を二分することを確認したサラゴサ条約において、日本はちょうどその境界線上にあるということを紹介したが、両国勢力による領有権や布教権をめぐる争いがこうしたかたちで表面化してきたのであった。

それにしてもバテレン追放令の発布はフィリピンに伝えられているにもかかわらず、フィリピン総督はなぜドミニコ会の司祭を使者として派遣したのだろうか。じつは意外なことに、追放令が出されたからこそだったのである。フランシスコ会のマニラ管区長フライ・ペドロ・バウティスタは一五九〇年に、日本ではイエズス会士が追放され、活動できる司祭がいなくなったのでフランシスコ会士を派遣すべきだとスペイン国王に書簡を送っている。日本での宣教はイエズス会に限るとした一五八五年の教皇勅令を撤廃するよう、教皇にはたらきかけることを強く求めたのだった。

だからこそフィリピン使節の来日をイエズス会は日本布教権への侵害だと認識し、ポルトガル人商人たちはマカオ・長崎の貿易に新たにマニラからスペイン人商人たちが参入してきたと受けとめて、警戒心を高めたのだろう。だが、教会破壊には別な要因もあったようだ。

イエズス会への強力な牽制

秀吉の家臣である原田喜右衛門《はらだきえもん》がフィリピン総督のもとに使者として派遣されたさいに、原田は総督府で、教会破壊の原因はコーボ神父の発言が原因ではないと証言している。使節が来日したときに秀吉が肥前名護屋にいたのは朝鮮出兵を指揮するためだったが、その名護屋では城郭や屋敷・倉庫の普請のために材木が不足していた。そこで秀吉家臣の長崎代官が、イエズス会は長崎に堅牢《けんろう》な木材の大建築をもっていると伝えたことから解体されたのだという（パステルス、一九九四）。そういえば、フロイスの文章にも、「すべての修道院と教会を破壊し、その材木を皆名護屋にもたらすように命令した」とある（『完訳フロイス日本史』5）。長崎代官がなぜそのような提案をしたのかといえば、イエズス会がこの代官に賄賂《わいろ》を贈っていなかったからだとある。それが本当なら嫌がらせだったということだろう。

原田は、教会が破壊されたと聞いた秀吉は、これを遺憾に思って代官を譴責したと述べているが、これはフィリピン総督府向けの弁解だろう。フロイスは、秀吉が「ポルトガル人らはまるで長崎を武力で占領したかのように、その地の支配者のごとくに振舞っている」と述べたというから、長崎貿易がポルトガル商人とイエズス会の支配下にあることに不満が昂《こう》じていたのかもしれない。秀吉の許可なく教会の破壊が実施されたとは思われないので、これは秀吉によるイエズス会への強力な牽制だったといってよい。しかも、秀吉はマニラ交易にも大きな関心を示していたから、イエズス会・ポルトガル商人主導の長崎貿易のあり方を転換させる意図があったともみられる。

3　アジア支配への動き

寧波がアジア支配の拠点

一五九二年（天正二〇）五月、秀吉の命令によって朝鮮の釜山《プサン》に上陸した日本軍は、六月には漢城を占領した。驚くほど早い進軍だった。その報を出陣基地の肥前名護屋で聞いた秀吉は、間もなく明国も陥落すると考えたらしい。征明後の壮大なプランを同月に、甥《おい》である関白秀次《ひでつぐ》と侍女に書き送っている（『豊臣秀吉朝鮮侵略関係史料』1）。両書状の内容を要約して示しておく。
1、このたび大明国を残らず支配し、秀次を大唐関白として都廻り一〇〇か国を渡す。
2、後陽成《ごようぜい》天皇を明後年、北京に移し、都廻りの一〇か国を料所とする。
3、日本帝位は良仁《ながひと》親王か智仁《としひと》親王のいずれかとする。日本関白は羽柴秀保《ひでやす》か宇喜多秀家《うきたひでいえ》のいずれかとする。
4、高麗は羽柴秀勝《ひでかつ》か宇喜多秀家に支配させ、九州には羽柴秀秋《ひであき》をおく。
5、秀吉自身は「日本の船付き寧波府」に居所を定める。
6、先鋒《せんぽう》の衆には天竺近くを与える。以後は天竺を切り取るべし。
これによると、後陽成天皇を北京に動座させ、関白秀次を大唐（明）国の関白にするという。日本の最高権威をそのまま明国支配者として横滑りさせ、日本には皇太子をして新たな帝位につけるという構想であった。天竺（インド）も切り取れ、とある。東アジア社会に中華帝国として君臨してきた明国を日本が乗っ取り、秀吉がアジアの盟主になるということであった。

もう一つ注意しておくべきは、秀吉の居所が寧波とされていることである。東シナ海にせり出している寧波《ニンポー》（浙江省《せっこうしょう》）は、日本からの寄りつきがよかった。古くは遣唐使などもこの港を利用しており、日明貿易（勘合《かんごう》貿易）を開いていた室町時代には日本船が出入りする港であった。戦国時代には明人倭寇たちの拠点にもなっていた。ポルトガル人たちもまた、日本との貿易にあたっては寧波周辺を中継地にしていたという。秀吉書状に「日本の船付き寧波府」というのは、日本の船も出入りしていたことを示す。いわば寧波は東シナ海交易の拠点であった。

そこを秀吉の居所とするということは、海をも支配するという意思のあらわれであった。環東シナ海にある朝鮮・琉球・台湾はもちろん、南シナ海を通じてマカオやマラッカにつながり、そこからインドのゴアにも目をとおすことができた。明国を押さえてシナ海交易を掌握し、ポルトガルの支配領域にまでにらみを効かすことができる港市が寧波だったのである。これをみるかぎり、当時のアジア情勢をそれなりに把握した征服構想だったといってよい。

秀吉は朝鮮出兵を明国征服の前段階として位置づけていたのだが、彼の視野は明国にとどまってはいなかった。それを裏付けるのが、琉球や台湾、フィリピン総督にまで服属を要求していたことである。それだけではなく、遠くインドのゴアにいるインド副王にまで威嚇的な書簡を出していた。インド副王とは、ポルトガル国王の副王としてゴアを拠点にアジアの植民地を支配したポルトガル人である。先のアジア支配構想にも、天竺を切り取れとあった。フィリピン総督もまた、スペイン国王の配下として植民地フィリピンを支配したスペイン人であった。なんと秀吉は、朝鮮出兵と前後する時期に、彼らに挑戦状とでもいうべき書簡を発していたのであった。

このような事実を前にすると、秀吉による朝鮮出兵は、たんに日本と朝鮮との関係、あるいは日本と明国との関係だけで考えるべきではないということになる。北京は天皇に預けて、みずからは寧波を居所とする。それが秀吉が明らかにしたアジア支配構想の眼目であった。いわば寧波からアジアを支配するということである。そのアジアの海には、デマルカシオン（世界領土分割）を国是として世界支配をねらうポルトガルとスペインが姿を現していた。秀吉は、両国の野望を知っていた。秀吉は生前の信長に、ポルトガルとイエズス会は日本を征服しようとしている、と話していたからである。

朝鮮と琉球への服属要求

バテレン追放令が出されたのは、一五八七年七月二四日（天正一五年六月一九日）のことである。その前後の秀吉の動きを改めて確認し、秀吉が内外に仕掛けた動きの特徴を把握しておこう。

バテレン追放令が発布される前の同年六月、薩摩の島津氏を降伏させ九州を平定した。その後、博多に帰陣したときにコエリョからフスタ船をみせられ、それからわずか九日後の七月二四日にバテレン追放令が発布された。驚くのは、それより少し前の七月一二日に、対馬の宗氏に対して、朝鮮が秀吉に服属するよう交渉役を命じていたことである。その翌年には島津氏に対して、琉球に使節を派遣し、入貢させるよう命じている。島津氏を屈服させた直後に秀吉は、「この上、兵を用いるならば高麗・琉球ならん」と述べていたというから（辻善之助、一九四二）、矢継ぎ早にそれを実行に移していったのである。

まだ関東には小田原北條氏が盤踞し、奥州では伊達政宗も気を吐いていた。全国平定にいたってはいない時期にもかかわらず、朝鮮と琉球を服属させようとしていた。国内を統一したから海外へ、ではなかったのである。

その後、小田原に北條氏を攻めて滅亡させたのは、一五九〇年八月（天正一八年七月）のことであった。伊達政宗もこれを機に、秀吉に臣従した。これによって全国平定を、ほぼ成しとげたことになる。その四ヶ月後の同年一二月に秀吉は、対馬宗氏の尽力によって来日した朝鮮通信使を聚楽第で引見した。秀吉はそこで明国征服への協力を求めたが、明を宗主国とする朝鮮は当然ながらこれを拒否した。この後も宗氏を通じて朝鮮に明国征服への協力を求めるはたらきかけが続けられた。

ポルトガル領インド副王への書簡

こうした動きとは別に、一五九一年三月（天正一九年閏一月）、ポルトガル領インド副王の親書を持参したインド管区巡察師ヴァリニャーノが京都聚楽第において秀吉に引見された。親書は一五八七年にインドのゴアで作成されたが、もちろんまだバテレン追放令の情報はゴアに伝わってはいない。しかも九州や関東・奥州の平定すら実現していない段階だったが、副王は秀吉の名声が遠くインドにまで届いていることを賞賛し、司祭たちが宣教の使命をはたすために、さらに保護されるよう求めている。この親書は、日本準管区長のコエリョがインド副王に立派な贈り物と一緒に秀吉に届けることを要請したのであった。副王からも誼《よしみ》を通じることで、秀吉とイエズス会の関係を良好に保ちたかったからである。

ヴァリニャーノは面会に先立ち、秀吉の側近からバテレン追放令解除の話はするな、その話をすれば関白が憤激するだろうと注意されていた。ところがその後、秀吉からインド副王宛の返書の草案を入手したヴァリニャーノは驚愕《きょうがく》した。これも幾人かのキリシタンの手引きによってというから、秀吉の側近にもキリスト教徒がいて、司祭たちと連絡をとっていたということになる。その草案には、「バテレンたちが再びやってきて布教を始めればこれを族滅する。ほぞをかむなかれ」とあった。「族滅」とは、一族をことごとく滅ぼすという意味だが、これはたんに渡日してきた宣教師を処刑するというだけではなく、派遣元のインド副王を含めて滅亡させるという意味が込められているようにみえる。ヴァリニャーノからすれば「すこぶる傲慢《ごうまん》と曲解に満ちた書簡」であり、この草案のままではインド副王に届けることはできないと伝えさせた。秀吉の側近で京都所司代であった前田玄以《まえだげんい》やキリシタン大名の黒田官兵衛《くろだかんべえ》などが取りなした結果、かなり表現は和らげられたという（『完訳フロイス日本史』5）。

そうやって修正された秀吉親書のポイントをポルトガル語の訳文で示すと、おおむね次のようになる（『異国往復書翰集』一一号）。

・戦争が続いた本朝を予が治めたので、異国からも帰服を表してきている。
・予は近く大明国に出兵し、これを征服する。
・しからば貴国とはさらに近づくので交誼《こうぎ》を深めたい。
・我が国は神国である。よってバテレンによる布教は禁止する。
・しかし修好を保持し、商人が往来することはこれを許す。

布教は禁ずるが貿易はしよう、というメッセージである。先に、朝鮮出兵後の一五九二年（天正二〇）に秀吉が関白秀次に出した征明構想を紹介したが、そのなかには、「征明の先鋒の衆には天竺近くを与える、以後は天竺を切り取るべし」という箇条があった。これは明国を征服したらインドも攻め取る、ということである。

とすると右の書簡に、他国は帰服してきており明国も遠からず征服するとあるのは、インド副王もそろそろ考えよという意味合いになる。次のフィリピン総督への恫喝《どうかつ》を含めて考えると、秀吉の出兵が明や朝鮮だけではなく、ポルトガルやスペインの植民地支配者にも向けられていたことが、よく理解できる。

フィリピン総督への恫喝

インド副王への秀吉親書は一五九二年に届けられたが、作成されたのは前年の九月のことである。じつは、その同じ年の一一月一日、秀吉はスペイン支配下にあるマニラのフィリピン総督に、驚くような書簡を出していた。これも要約して示しておこう（『異国往復書翰集』一二号）。

- 我が国は争闘と戦争が百余年続いたが、予が十年にしてこの国をことごとく服従させた。
- 高麗人および琉球、その他遠方の諸国はすでに予に帰服して貢を納む。
- 予は今、大明国を征服せんと欲す。
- その国（フィリピン）は未だ予と親交を有せず。よって予は行ってその地を取らんと欲す。
- これ旗を倒して予に服従すべき時なり。もし服従すること遅延せば、予は速やかに征伐を加うべし。後悔することなかれ。

すみやかに使者を派遣して服従せよ。もし遅れれば軍隊を派遣する。後悔しないようにせよ！　なんとも強烈な通告であった。

秀吉からのこうした要求に対して、フィリピン総督は慌ててマニラに戒厳令を布き、スペイン国王にメキシコからの援軍派遣を要請するなど、非常事態を宣言した。一方で、緊張状態を回避するためにフィリピン総督は一五九二年、秀吉に返書を出している。その返書を肥前名護屋に届けたのが、先に紹介したドミニコ会のファン・コーボ司祭であった。そこには、秀吉の書簡を持参した原田孫七郎《はらだまごしちろう》なる人物の格が低いので、本当に秀吉からの書簡であるのか偽書であるのか判断しかねる、なお日本との親交を希望する、とあった。秀吉の攻撃に備えてマニラは臨戦態勢をとったわけだが、総督から秀吉へ友好のメッセージを送ることも外交的措置としておこなったのであった。

このあと秀吉は一五九二年八月（天正二〇年七月）に、次のような書簡を総督に出して追い討ちをかけた（『異国往復書翰集』二〇号）。

・予の軍は高麗（朝鮮）を破壊し、手中に収めた。
・その地の商船の往来を妨げる者なきがゆえに、毎年来たりて貿易をおこなうべし。
・もし予が命に背反する者あれば、良将をその地に派遣してこれを罰すべし。

この書簡が書かれた八月段階は、日本軍が平壌を陥落させていたので、秀吉としては朝鮮を手中に収めたと考えていたのだろう。その後、明の援軍をうけた朝鮮軍によって平壌が奪回され、一五九三年五月（文禄二年四月）、日本と明は講和交渉に入った。そのさなかの同年一二月に、さらに激しい書簡をフィリピン総督宛に送っている（『異国往復書翰集』二二号）。

・予は日本全国と高麗を獲得した。

・多数の武将がマニラ占領を予に求めている。だが両地には商船往来するゆえに敵ならずと言えり。ゆえに予は兵を派遣せず。

・支那に赴けば呂宗《ルソン》は甚だ近く、予が親指の下にあり。我らは永久に親しく交わるべし。このことをカステリヤに書き送るべし。カステリヤの王、遠方にあるといえども予が言を軽視すべからず。

すでに秀吉家臣の武将たちがマニラ出兵の許可を求めている、明国征服も間もなくだ、早く予に服従せよと、なんとも居丈高《いたけだか》である。前便よりもさらに強烈であるのは、「カステリヤの王」（スペイン国王）に対して、「予が言を軽視すべからず」と恫喝していることであった。

明国との講和交渉で秀吉が出した領土的条件は、朝鮮八道のうち南の四道を日本に割譲し、北の四道と漢城を朝鮮に返還するというものであった。朝鮮は講和自体に反対したが、この条件は明も受け入れず、交渉は決裂して、一五九七年（慶長二）に再び朝鮮侵攻作戦が開始されることになる。こうした状況であるにもかかわらず、フィリピンに対しては高麗を獲得

した と豪語した。

経緯からいえば、朝鮮出兵とフィリピンに対する服属要求は、ほぼ同時並行である。朝鮮での軍事行動が思い通りにいっていないとしても、フィリピンに対しては強気の姿勢を崩すわけにはいかない。というよりも、朝鮮が意のままにならないからこそ、フィリピンの服属をなんとしても実現したかったのではないだろうか。

怯えるマニラ

一回目の秀吉の恫喝文書がマニラに届いたのは一五九二年五月のことだが、この書簡に先立ってフィリピンには、日本は朝鮮を攻撃すると言っているが、それは偽りで、真に意図しているのはマニラを攻撃することではないかという情報も届いていた。フィリピン総督はスペイン国王宛の書簡で、三年前に三〇～四〇人の日本人が当地の教会を参拝するという名目でマニラに来訪したが、彼らはマニラや港湾の状況を観察して帰った、だから日本の皇帝はこの地の原住民が無力で当地を防衛するスペイン人が少数だということを知っている、と不安を伝えている。しかもマニラの防衛態勢を構築するにあたっては、原住民に与えていた銃を回収しておく必要があるとも述べている。日本からの攻撃を機に、原住民が蜂起《ほうき》するかもしれないと危惧《きぐ》したのであった。秀吉配下の武将が、「フィリピンの原住民はスペイン人を憎んでいるから、日本人がフィリピンに行けば直ちに原住民はスペイン人を日本人の手に引き渡すであろう」と語っていたという情報も、マニラには伝わっていた（パステルス、一九九四）。日本の攻撃をきっかけに、スペインによる植民地支配が崩れる危険性すらあったということである。

なお、三年前にやってきた数十人の日本人というのは、平戸の領主松浦氏の家臣たちだった。ポルトガル貿易の主導権を長崎に奪われていた平戸領主は、一五八四年にマニラのスペイン系宣教師が初めて渡日して平戸に入港したのを好機とし、マニラとのあいだに貿易のパイプを開きたいと期待していたのである。当時の総督はそれを歓迎していたのだが、秀吉の脅迫的書簡を受け取ったあとは、あのときの日本人たちはスパイだったかと疑うようになっていた。

その後もフィリピン側は、日本に対する恐怖感を高めていった。一五九四年に総督の使者として渡日したフランシスコ会士のジェロニモ・デ・ジェズスから、マニラの王立会計院収税吏兼監査官フランシスコ・デ・ラス・ミサス宛に送られた書簡では、「マニラでは常に人員を整え、大きな城壁を備えておくことがきわめて重要」と述べられている。マニラ征服を求めている「薩摩の者」＝島津氏に秀吉が許可を与えれば彼らは島伝いに来襲するだろうともあるので、日本情報をかなり詳しく把握していたようだ。そうならないためには太閤秀吉に贈り物をするように、ともある。朝鮮での戦争の最中のことであったから、「私は朝鮮との和平が成らないように切に望む。さすればマニラは平和なのだから」とも記されている。日本の目が朝鮮に向いているうちはマニラは安心だ、ということであった（ファン・ヒル、二〇〇〇）。

秀吉が朝鮮に再出兵する前のことだが、ジェズスはマニラに対して、「日本がマニラを攻撃することはありえないというのは事情を知らぬ人の言葉」であり、非常に切迫した状態であると警告していた。また彼がフィリピン総督に宛てた別な書簡には、「太閤が死ねば二歳の息子しか相続人がおらず、分裂が起こり、マニラは危険から免れるにいたるであろう。ねがわくば太閤の死の早からんことを」とある（松田毅一、一九九二）。秀吉が死んで政権が混乱することを期待していたのである。

とはいえ、実際に秀吉が死んで朝鮮遠征軍が撤退すると、それはそれでまた不安をかきたてたようだ。一五九九年七月、マニラの最高司法院（アウディエンシア）からスペイン国王に宛てた書簡によれば、「太閤が死んだのは昨九八年九月のことだが、その後も用心に用心を重ねて暮らしている。朝鮮からの帰還兵は一〇万人以上で、彼らは貧しく欲に憑かれているのにその地（朝鮮）に期待すべきものをもたない。だから再び当地を脅かすことになる」（ファン・ヒル、二〇〇〇）とある。朝鮮から帰ってきた多くの兵隊たちが、今度はマニラに目を向けはしないかと、大いに恐れていたのであった。

秀吉による朝鮮出兵は、失敗したとはいえ、スペイン勢力に対して日本の軍事力の強大さを否応なく知らせることになった。早く日本を征服してしまえ、と威勢のよかったフィリピン総督や宣教師たちは、どこかに行ってしまったかのようだ。朝鮮出兵は、世界最強を自負するスペイン人の心胆を寒からしめる効果を発揮していた。このことがその後の日本にとってもつ意味は、のちに述べるように相当に大きい。

高山国（台湾）への服属要求

一五九三年一二月（文禄二年一一月）、フィリピンへの使者派遣と相前後して、秀吉は高山《こうざん》国（台湾）に書簡を送り、日本への服属を求めた。この書簡には、大明国が数十万の援兵を出して朝鮮を助けたが、いまや勅使を自分のもとに遣わして降伏を乞《こ》うてきたとか、「南蛮、琉球」も秀吉の「徳光を仰」いで使者を派遣してきたといったことを記し、貴国も来朝しなければ諸将に命じて征伐すると恫喝している（『異国往復書翰集』二四号）。ここにいう「南蛮」の使者とは、先に紹介したポルトガル領インド副王とスペイン領フィリピン総督の使者のことである。友好を求める使者も、秀吉にとっては入貢に等しいものだったようだ。ただ、台湾にはまだ国家が成立していなかったので、手渡すべき対象を特定できずに戻ってきた。

なお台湾について付け加えておくと、一五九七年にフィリピン前臨時総督ダスマリーニャスは、日本が朝鮮問題に全力をあげているいまこそ、台湾の港を占領すべきだとスペイン国王に奏上している。その理由は、日本がフィリピンを攻めるためには台湾を経由することになるが、もし台湾を日本に押さえられたらマニラは破滅する、と危機感を増幅させたからだった。日本が台湾やフィリピンに軍隊を派遣する余力のないいまのうちに、台湾島北部の港湾である基隆《キールン》（現基隆市）を占拠して要塞を築くべきだというのである。

こうして日本からの出兵を恐れる一方、総督府関係者は同じ一五九七年にスペイン国王に宛てて、台湾占拠の重要性とともに、マニラを拠点として周辺へスペイン勢力を拡大できると上奏している。そこには、シャムは一〇〇〇人で征服できるし、占城《チャンパ》は三〇〇人、交趾《コーチ》シナは一五〇〇人の兵隊で「平穏」にでき、カンボジア王国は従属させることができるとある。フィリピン諸島だけではなく、インドシナ半島までもスペイン国王の旗と庇護のもとに支配下におき、福音の宣教者たちは異教やイスラム教を滅ぼして人々を改宗させることができる、と述べている。だからこそ日本の進出を阻止しマニラを維持するために台湾の占拠が必要なのだ、という要請であった。マニラの植民地政府が当時、東アジア戦略として考えていたことが赤裸々に語られている。このような構想にとって秀吉の強硬外交は、脅威以外の何ものでもなかった。このときにフィリピン総督が台湾占拠を実行することはなかったが、マニラの防衛力強化のために、メキシコからは兵員と武器を積んだ船が派遣されたという（パステルス、一九九四）。

秀吉は二度目の朝鮮出兵を一五九七年（慶長二）に開始したが、一五九八年（同三）に死去したために台湾出兵はなされなかった。家康の時代になって、肥前国島原の領主有馬晴信が台湾に触手を伸ばしたが、兵員の派遣はなされなかったらしい。長崎代官の村山等安《むらやまとうあん》も一六一六年（元和《げんな》二）に次男・村山秋安《しゅうあん》を司令官とする一三隻の船団を台湾に派遣し、その支配をねらったが、暴風のために失敗したという。対外貿易に関与する領主からすると、マニラやマカオ、東南アジアの港湾都市との海上ルート上に存在する台湾は確保しておきたい拠点だったようだ。

それは、東シナ海を活動の場とし、日本と交易をする外国勢力からしても同じことだった。のちの一六二三年にオランダ東インド会社が台湾海峡の澎湖《ほうこ》島を占拠した。そのため一六二四年に明軍と交戦したが、和議によってオランダ人は台湾南部に移った。ところが一六二六年、今度はスペイン人が台湾北部を占拠して分有状態になっている。オランダは一六四二年、艦隊を派遣してスペイン勢力を台湾から駆逐し、台湾はオランダの植民地に組み込まれることになった。しかし一六六二年には鄭成功《ていせいこう》の攻撃をうけて、オランダは台湾から撤退せざるをえなくなった。

表3　バテレン追放令発布前後の秀吉の行動

1587年（天正15）	九州を平定する
	対馬の宗氏に朝鮮服属の交渉役を命じる
	バテレン追放令を発布する
1588年（天正16）	島津氏を通じて琉球に入貢を命じる
1590年（天正18）	北條氏を滅亡させる
1591年（天正19）	ポルトガル領インド副王への親書を作成する
	マニラのフィリピン総督に服属要求の書簡を作成する
1592年（天正20）	諸大名に朝鮮出兵を命じる
1593年（文禄２）	フィリピン総督に二度目の書簡を送る
	高山国（台湾）に入貢を促す書状を作成する

こうした熾烈《しれつ》な領土争奪戦が日本の近隣で展開していた。スペインやオランダ勢力の軍事力が身近な脅威として届いてくる距離だった。戦争が、すぐ近くで展開していたのである。この時期の国際関係や秀吉・徳川政権の対外政策をみるときには、こうした動きも視野に入れておく必要がある。

「唐・天竺・南蛮」の征服構想

バテレン追放令発布前後の秀吉の動きを概観したが、改めてこれを並べてみると表3になる。

この動きでとくに注目しておきたいのは、一五八七年の九州平定のあと、秀吉は直ちに対馬の宗氏に朝鮮服属の段取りを整えるように指示し、次いで島津氏に命じて琉球の入貢を手配させていることである。これをみると、秀吉にとって朝鮮と琉球は九州の延長だと認識されていたのかもしれない。勢力の赴くところ、進撃する、という感覚だろうか。つまり、秀吉にとっては、国内平定だけが達成すべき目標ではなかったということである。

また島津氏も、秀吉に屈服する前、すなわち一五七〇年代後半から八〇年代前半にかけて、北部九州に軍事的拡大を進めるとともに、南の琉球へも外交圧力を強めていた。当時、琉球は独立した王国だったのだが、そのようなことはお構いなしの外交攻勢であった。島津氏も秀吉も、越えてはならない国境認識というものが稀薄《きはく》だったのではないだろうか。その点ではヨーロッパ勢力の膨張主義と同様の、当時の権力がもつ要素を日本の政治権力も抱えもっていたといってよいだろう。もちろん明国も周辺への膨張をはかっていたから、勢力拡張というのは、洋の東西を問わず、力を蓄えた権力がもつ指向性だったのかもしれない。だからこそ、秀吉の「唐・天竺・南蛮」の征服構想が生み出されてくることになる。

しかし本書で読み解きたい問題は、アメーバのようにじわじわと隣接地をめざして膨張していくのではなく、朝鮮や琉球をまだ征服もしていないのに、なぜその向こうの「唐・天竺・南蛮」までをも支配するという、巨大な征服構想が生まれたのかということにある。

そのさいのヒントになるのが、この「唐・天竺・南蛮」というキーワードである。「唐」は明国の古称。「天竺」はインドのことだが、当時はポルトガルの支配下にあった。ポルトガル領インドである。「南蛮」は東南アジアのことだが、やがて南方からやってきたポルトガル人やスペイン人のことも指すようになる。マカオはポルトガル人、マニラはスペイン人の拠点であった。「天竺・南蛮」はすでにポルトガルとスペインの支配下にあり、「唐」（明国）も両国がなんとか征服したいと虎視眈々《こしたんたん》とねらう国であった。つまり秀吉が征服したいと考えた国と地域は、ポルトガルとスペインが支配を実現し、あるいはこれから支配しようとしていた地域だということになる。

「予が言を軽視すべからず」

アジアに関する秀吉の知識は、アジア世界を往来していた日本人たちから得たものが多いだろう。一方で秀吉は、日本に来航してきたポルトガル人やスペイン人たちとも接触しており、彼らがもたらした情報によるところも大きいと思われる。問題はこれらによって、秀吉がどのような西洋人認識をもったのかということである。

西洋人がもたらす文物に秀吉は、大きな関心を抱いていた。文化的な興味もそうだろうが、多くの大名たちが強く望んだのは貿易である。秀吉もその例に漏れない。宣教師に貿易船を堺に回航させることを要請したこともあった。しかし西洋人の来航は、早くから日本人に不安をもたらしてもいた。宣教師が布教のために渡来したあとポルトガル軍がやってくる、といった情報を、宣教師やポルトガル商人がみずから話すということは考えにくい。だが一六世紀には日本と東南アジアとのあいだを、たくさんの日本人が往来していた。フランシスコ・ザビエルを日本に案内したのも、マラッカに在住していた日本人だった。東南アジアの各地にはすでに日本人町も形成されており、ポルトガルがインドの主要な港湾都市を支配下におき、マラッカを軍事的に占領したことも、当然知られていた。そうした情報が、日本人や華人などの貿易商人たちを通じて日本にもたらされていたと考えるのが自然である。だからこそ、仏教界だけではなく在地領主層でも、対外的な危機意識を早くからもっていたのだと思われる。さらなる情報収集能力をもつ秀吉も、日本社会に存在するこうした不信感を共有していただろう。

その点で重視しておきたいのは、前にも紹介した一五九一年にポルトガルのインド副王に出した書簡と、一五九三年にフィリピン総督に宛てた書簡である。

インド副王宛の書簡では、貿易をおこなって交誼を深めたいとしていたが、日本でのキリスト教布教の禁止を通告し、しかも明国に出兵してこれを征服する、とまで大言壮語している。友好のメッセージとは、とてもいえない内容だった。フィリピン総督宛の書簡でも、明国征服を豪語し、マニラへの出兵までにおわせていた。その書簡の末尾にあったのが、「このことをカステリヤ（スペインの旧称）に書き送るべし。カステリヤの王、遠方にあるというとも予が言を軽視すべからず」という言葉であった。予（秀吉）が服属要求していることをちゃんとスペイン国王に伝えろ！　と言っているのである。「予が言を軽視すべからず」という言葉には、私を甘く見るなよ、という意味が込められている。

スペインとポルトガルは一四九四年のトルデシリャス条約で世界を半分ずつ分有することを確認していたが、一五八〇年にスペイン国王がポルトガル国王を兼ねることになった。ということは、地球上の全域をスペイン国王が支配することになったということである。秀吉はもちろんこうした事実を知っていたはずである。したがって「予が言を軽視すべからず」という秀吉の言葉は、インド副王とフィリピン総督の上に君臨するスペイン国王に直接向けられていたといってよい。

これに対してフィリピン総督は、翌年秀吉に返書を遣わして、「服従のことを言ってきているが、スペイン国王は強大であり、フェリペ国王以外に従うことはない」と、当然のことながら反発した（『異国往復書翰集』二三号）。

征服者スペインに対する怒り

それにしても、なぜ秀吉はここまで激越なのだろうか。その原因は、一五九七年（慶長二）にフィリピン総督に出した書簡をみると、すぐにわかる。

「（前略）その国においては布教は外国を征服する策略または欺瞞《ぎまん》なることを聞きたれ

ばなり。（略）予は思うに、卿《けい》（フィリピン総督）がこの方法を用いて其《そ》の国の古来の君主を追い出し、ついにみずから新しき君主となりたるがごとく、卿はまた貴国の教えをもって我が教えを破壊し、日本の国を占領せんと企画せるならん。是《これ》ゆえに予は前に述べたる所に対して憤り怒を懐《いだ》ける（略）」（『異国往復書翰集』二六号）

秀吉がここで言っていることは、スペインが布教を足がかりに外国を征服していることは知っている、フィリピンでもこの方法によって君主を追放し、みずからが君主になっているではないか、同様の方法で日本を占領しようとしているに違いない、怒りを抑えることができない、ということである。これに続けて秀吉は、日本と交誼を結びたいのであれば布教をせず、たんに「商賈往還《しょうこ》」のためにのみ来航せよ、さすれば安全を保障する、と書いた。要するに秀吉はスペインに対して、布教を隠れ蓑《みの》にした日本侵略は絶対に許さない、と警告したのであった。

秀吉の書簡は、この前年の一五九六年、土佐《とさ》に漂着したスペイン船サン・フェリペ号の積み荷を没収されたことに抗議したフィリピン総督に対する返書である。同号はマニラからメキシコに向かっていたのだが、台風に遭遇して土佐湾に流れ着いた。松田毅一氏の『豊臣秀吉と南蛮人』によると、積み荷没収の契機となったのは、伏見《ふしみ》にいたイエズス会士のポルトガル人たちが秀吉に、スペイン人の悪い情報を吹き込んだからだという。すなわち、スペイン人は海賊であり、メキシコやフィリピンを征服するために、まずフランシスコ会士を派遣してキリスト教を布教し、しかるのちにその地を奪った、サン・フェリペ号にもその嫌疑がある、と語ったという。これとは別に、同号の航海士が「布教は侵略の手段だ」と語ったという話も、一六〇二年に宣教師のセルケイラがマニラのイエズス会に宛てた書簡に書かれている。またその後の宣教師たちにも、厳しい取り調べをうけた航海士が怒って、「スペイン人を不当に遇するならば、直ちに強力な軍隊をもってその国を奪う」と不適切な発言をしたからだと伝えられている（パステルス、一九九四）。

スペイン側と日本側の記録を突き合わせて検討した松田氏も、ポルトガル人のイエズス会士がスペイン人の悪口を言った可能性があると指摘している。なぜイエズス会士やポルトガル人がスペイン人を敵視したかというと、ポルトガル商人にとってマニラのスペイン人商人はライバルであり、イエズス会士にとって、マニラからやってくるフランシスコ会などのスペイン系組織の宣教師は、ローマ教皇も認めたイエズス会による日本布教権を侵犯する存在だったからである。一五九二年にフィリピン総督の使者としてマニラからドミニコ会のコーボ神父が肥前名護屋で秀吉に謁見したとき、イエズス会士が強く反発したのはそのためであった。

サン・フェリペ号には、スペイン系のフランシスコ会、アウグスティノ会、ドミニコ会の宣教師が乗船していた。秀吉に入れ智恵したポルトガル人は、秀吉がスペイン船やスペイン人に厳しくあたることによって、日本に近づかなくさせようという魂胆があったのだろう。

だが、その話を聞いた秀吉の反応は、予想以上に激しかった。秀吉は、一五九三年や九四年にフィリピン総督の使者一行として来日していたフランシスコ会司祭たちに、布教活動はおこなわないことを条件に滞日を許可していた。だが、それを無視して活動をしていたことから、この教唆を機に、懲罰としてサン・フェリペ号の積み荷を没収するとともに、乗船していた司祭や、大坂と京都にいたフランシスコ会士らの捕縛を命じた。彼らは長崎に送られて処刑された。これが、いわゆる長崎二六聖人の殉教とされる事件である。松田毅一氏は、このサン・フェリペ号事件こそが、秀吉が久しくもっていたバテレン危険観に確信を抱かせたと評している。

こうした秀吉の行為に対してフィリピン総督が抗議の書簡を送ってきたのであるから、秀吉が激高したのは言うまでもない。それが前掲した一五九七年の、フィリピンと同様に日本を侵略するつもりか、という強烈な書簡となったのである。この書簡で秀吉は、こうも述べている。もし日本人がそちらの国に行って神道を説いて人民を困惑させたら、国の領主である総督はこれを喜ぶか。そうではないだろう。これをもって予がなしたることを考えてみよ、と。せっかく大目にみていたのに度が過ぎる、ということでもあるだろう。

東洋からの反抗と挑戦

服属要求といい、征明の通告といい、これらの書簡はインド副王やフィリピン総督に対して、豊臣秀吉という人物、そして日本という国の強大さを誇示したものであった。これをみると、秀吉はたんに明国を征服することだけが目的なのではなく、ポルトガルの支配下にあるインドや、スペインが占領しているフィリピンをも射程に入れていたことが、よくわかる。それだけではない。あえて明国征服を喝破していることからみれば、両国が早くからねらっていた明国を、自分が先駆けて征服するぞ、と通告する意図までも感じ取ることができる。

では、そのことはいったい何を意味するのだろうか。たんに秀吉が強がりを言っているだけなのだろうか。従来はそのように解釈されてきたのかもしれない。しかしこうした秀吉の言動は、ヨーロッパ最大の強大国に対する強烈な対抗心と自負心を示している、と私は考える。ポルトガルは一五八〇年にスペイン国王の支配下に入っていたから、この段階で秀吉が仮想敵として想定するのはスペイン国王であった。スペイン国王よ、予を甘くみるな！　という恫喝は、そのことを明白に示している。秀吉がめざしたのは、世界最強国家スペインと対抗し、アジアを日本の版図に組み込んでいくことだった。言葉を換えれば、世界の植民地化をめざすスペインに対する東洋からの反抗と挑戦だともいえるだろう。

こうした秀吉の振る舞いは、スペインの前線基地マニラに恐怖感を与えた。朝鮮出兵や明の征服計画を誇示し、さらにマニラ服属要求などを突きつけてくるのだから、スペイン側はメキシコやペルーなどのように簡単に日本を征服できないことを次第に認識していくことになる。つまり秀吉の国際的な軍事行動や強硬外交は、スペインの日本征服計画を強烈に牽制し、抑止する効果を発揮したのであった。秀吉以前までポルトガルとスペインの勢力では布教・武力征服論が盛んだったが、秀吉段階ではそれが不可能であることを悟った。その結果、後述するように家康段階では武力征服論を放棄し、布教によるキリスト教化をとおして日本支配の実現をはかる戦略へと大幅な転換を余儀なくされるにいたったのである。

なお、秀吉の朝鮮出兵をスペイン国王フェリペ二世との対抗関係でとらえる視点は、速水《はやみ》融《あきら》氏（同、一九八五）や入江《いりえ》隆則《たかのり》氏（同、一九九八）が先鞭をつけていた。秀吉の動きを東アジア史から解放し、世界史とリンクさせた仕事として注目しておきたい。

第四章　家康外交の変遷

1　全方位外交の展開

アジアとの関係修復

一五九二年（文禄元）から一五九八年（慶長三）まで、足かけ七年にわたっておこなわれた豊臣秀吉による朝鮮出兵（文禄・慶長の役）は、一五九八年の秀吉の死によって終焉《しゅうえん》を迎えた。朝鮮はもちろん明国とも断交状態になり、アジアの国際秩序に深刻な影響を及ぼした。ポルトガルとスペインに対しても強硬外交を展開していたから、秀吉後に覇権を確立した家康の大きな課題は、どのようにして諸外国との外交関係を回復させるかにあった。

朝鮮との関係修復については、関ヶ原合戦前の一五九九年（慶長四）、家康が五大老筆頭の立場であったときに、対馬の宗氏に朝鮮との講和交渉を命じたことに始まる。その後、一六〇七年（慶長一二）に回答兼刷還使《さっかんし》が来日、一六〇九年には慶長条約（己酉約条《きゆう》）が結ばれて事実上の日朝講和が成立した。明国に対しては、たびたび勘合貿易の復活を求めたが拒否されたため、正式の国交関係はならなかった。だが幕府は明国商人の入港を認め、明国政府も自国商人の日本との交易関係を禁止しなかった。これによって明との通商関係は、事実上復活することになった。

また幕府は、太泥《パタニ》（タイ）、柬埔寨《カンボチャ》（カンボジア）、安南《アンナン》（ベトナム）、占城《チャンパ》（ベトナム）など、東南アジア諸国との通交関係も積極的に展開した。一六〇五年（慶長一〇）にはそれぞれの国と親書を交換して通商の確認と安定がはかられている。幕府が渡航許可証を発給して安全を確保する朱印船《しゅいんせん》貿易の隆盛は、こうした幕府の外交政策によってもたらされたのであった。琉球に対しては、一六〇九年に島津氏が侵攻して支配権を強化し、琉球王から将軍に対して慶賀使・謝恩使が派遣されるようになった。琉球は中国とのあいだで勘合貿易を展開していたので、日本と中国の双方に従属的な立場となった。

積極的なヨーロッパ外交

一方、ヨーロッパ諸国との関係をみると、豊臣秀吉によるバテレン追放令によって冷却化した関係を復活させるにあたり、家康はスペイン人が運航するマニラ船の関東誘致に積極的姿勢をみせた。秀吉が没した直後の一五九八年（慶長三）に家康は、堺商人の五郎右衛門《ごろうえもん》をマニラに送り、翌年には堺のキリシタン商人の伊丹宗味《いたみそうみ》、翌々年には滞日中のフランシスコ会宣教師のジェロニモ・デ・ジェズスを、それぞれ使者として派遣して、スペイン船の関東入港を促した。この動きは、いかに家康がマニラ交易を望んでいたかを示すものである。マニラに渡ったジェズスによると、家康はマニラのスペイン人が毎年、江戸湾浦賀《うらが》に来航して貿易をすること、日本人もメキシコに赴いて通商をしたいこと、その航海用の帆船を造るために造船技師や職人を派遣してほしいこと、などをフィリピン総督に要請した。ポルトガル船によるマカオ貿易が九州を中心に展開していたため、南蛮貿易に出遅れていた家康は、マニラを拠点とするスペイン系のフランシスコ会宣教師を利用して、マニラと関東との交易を開こうとしたのであった（パステルス、一九九四）。

ここで注意しておきたいのは、家康の貿易構想には、マニラだけではなく、メキシコも視野に入っていることである。このことは、のちにみる伊達政宗による慶長遣欧使節の派遣とも関係する。

家康は、ポルトガルやスペインに遅れてやってきたオランダやイギリスとの関係も積極的に模索した。一六〇〇年（慶長五）、オランダ船リーフデ号が豊後の沿岸に漂着したことを知ると、家康はすぐに使者を現地に派遣して船長のヤコブ・クワッケルナックや乗組員を保護した。クワッケルナックはその後一六〇五年（同一〇）に、通商を求めるオランダ総督宛の家康親書を携えて離日した。これに応えて一六〇九年（同一四）、オランダ東インド会社の船が入港し、平戸にオランダ商館が設置された。

イギリスとの関係は、そのオランダ船リーフデ号に乗船していたイギリス人航海長のウィリアム・アダムスの仲介により実現した。アダムスから連絡をうけたイギリスは一六一三年（同一八）に使者セーリスを派遣して、通商を求めるイギリス国王書簡を家康に呈した。家康は日本のどこにでも着岸して自由に交易することを認めたため、イギリスは平戸に商館を開設した。

この間、オランダ人が日本に来たことを知ったフィリピン総督は、オランダ人は悪事をはたらき反乱を起こす不穏な輩《やから》で、日本にも危害を加えるだろうと家康に書簡を遣わし、オランダ人とつきあいをしないよう求めている。イエズス会も家康に対して、オランダ人やイギリス人は海賊であるとして処刑を求め続けたという。しかし家康は、ウィリアム・アダムスやオランダ人のヤン・ヨーステンを外交顧問にしている。偏ることなく、さまざまな可能性を模索していた。家康は、各国商人に寄港地選択の自由と生命財貨の安全を保障し、アジアおよびヨーロッパ諸国との多国間通商を構築しようとしていた。全方位外交を展開していたといってよい。

なお、加藤栄一氏の研究によると、オランダ平戸商館の一六一五年の輸入額の二八%、輸出額の一三%はポルトガル船からの捕獲品だという。一六一七年に平戸から出帆したオランダ船の積み荷の八八%は中国船等からの捕獲品であり、日本調達は一二%にすぎない。驚くべきことである。オランダは洋上で略奪した物資を平戸へ搬入して日本へ売り込み、また東南アジアへも転送して巨利をあげていたのだった。フィリピン総督が指摘するように、オランダはまさに海賊をもって交易を成り立たせていたのであった。ただこれはオランダだけの行為ではない。ポルトガル船やスペイン船も、同様にオランダ船やイギリス船を襲撃していた。それがために、一六二〇年、オランダとイギリスは平戸で両国の防御同盟を締結した。だがこれを機に両国は、スペイン・ポルトガル・中国船への攻撃をさらに激化させたともいう。アジアの海は海賊の跋扈する世界だった。

布教禁止の理由

徳川家康は、積極的な貿易政策を展開したが、キリスト教に対しては、一六〇二年(慶長七)にフィリピン総督宛の家康親書で、次のように布教禁止を通知している。

「一、外国人は一般に日本国内の何地にても好に応じて居住することを許可す。然れども、その教えを弘布することはこれを厳禁す」(『増訂異国日記抄』)

なぜ家康が布教禁止に踏みきったのかについて、在日司教セルケイラがマニラのイエズス会に宛てた書簡（一六〇二年一〇月二二日付）には、次のようにある。

「内府（家康）をはじめ異教徒の大名たちは、太閤（秀吉）と同様に、ルソンやメキシコのスペイン人は他国を侵略するものだと固く信じている」（松田毅一、一九九二）

家康は秀吉と同様に、スペイン人が日本を侵略するのではないかと危険視している、ということである。それまで世界各地で展開してきたスペインの領土拡張政策をみれば、セルケイラがいうように、家康の懸念は当然のことだった。これより前の一五九八年（慶長三）に家康は宣教師ジェズスにマニラとの貿易仲介を依頼していたが、滞日中の宣教師たちが自由に布教活動をしている様子をみて、侵略への不安が高まったのかもしれない。

そうした目でみたとき、このキリスト教の布教禁止通知を、「布教は駄目だが通商はよい」と、商教分離を明確にし、経済的関係を基軸にした友好を呼びかけたものとだけみるのは不十分である。むしろ、布教と一体化した植民地政策が日本には通用しないことを警告するという意味合いを強くもっていたと理解したほうがよい。一六〇五年（慶長一〇）にも家康は、同様の書簡をフィリピン総督に送っている。

「閣下（フィリピン総督）及び他の方々はたびたび日本の宗派に言及され、これに関して多くのことを求められたが、それを認めることはできない。何故ならば当地は神国と称し、神々に捧げられており、我らの先祖から今に至るまで、いとも崇《あが》められてきたのであり、この事実を予独りが破棄することはできないからである。それ故にいかなる形にせよ、閣下の国の宗教が日本で布教され説かれることは不都合である。閣下が日本の諸国並びに予と友好を望まれるならば、予の望むことを為し、予の好まぬことを行わぬようにするのがよい」（『異国往復書翰集』三一号）

日本には日本の宗教がある、日本との友好を保ちたいのであればそれを尊重せよ、ということであった。だが、スペイン側はあくまで布教と貿易を一体化した関係に固執した。そのねらいは、どこにあったのだろうか。

2　秘められたスペインの野望

マニラとの駆け引き

家康はマニラと江戸との貿易を開きたいと考えていたが、マニラからのスペイン船がなかなか江戸湾に来航しないことに苛立《いらだ》っていた。フィリピン総督は一六〇二年と一六〇三年に関東に向けて船を出帆させているが、風向きがあわず、九州に入港していた。一六〇三年にフィリピン総督アクーニャの使節として来日したフランシスコ会のフライ・ディエゴ・ベルメーオは総督に対して、もし来年もスペイン船が関東に来ないならば、家康はスペイン人商人や宣教師を追放するだろうと知らせている。

一六〇四年（慶長九）には、やはりアクーニャ総督の使節としてドミニコ会のフライ・ルエーダが来日したが、総督の書状はキリスト教の保護を求めただけで通商には触れていなかった。そのため家康は、総督の願いによりフィリピンへの日本船の渡来を先年は六隻に減らし、昨年は四隻に減らしたが、スペイン船のなかには、わが許可をうけず来航したものがあり、これは予を侮辱した行動であると憤慨《ふんがい》している（『異国往復書翰集』三〇号、三一号）。

マニラの商人たちは、日本がメキシコとの通商に乗り出すことだけではなく、マニラ交易にも大挙して参入してくることを警戒していた。マニラに来航する日本船の減船を家康に求めたのは、そのためであった。家康は、フィリピン総督が布教に熱心なだけで、マニラ・江戸間貿易に不熱心なことに不快感を抱いていた。

この状況が転換するのは、一六〇六年にフィリピン総督アクーニャが逝去したあと、一六〇八年（慶長一三）に臨時総督としてロドリゴ・デ・ビベロが着任してからであった。ビベロは着任早々、江戸湾の浦賀にスペイン船一隻を渡航させ、将軍秀忠と大御所家康に書状を出してご機嫌をうかがった。この書状では宣教師の保護も求めているが、家康はこれには触れないまま、浦賀来航を喜ぶ返書を出した。翌一六〇九年（同一四）、フィリピンに着任した新総督ファン・デ・シルバからの挨拶に対してもスペイン船の浦賀来着を歓迎し、日本にいる宣教師の保護も約束している。キリスト教に対する家康の懸念は強いのだが、この段階では宣教師の保護を明示することで貿易船の浦賀来航を促進しようとしたのであった。

前フィリピン臨時総督ビベロと家康の交渉

日本とスペインとの交渉が急速に進展するのは、一六〇九年（慶長一四）、フィリピン臨時総督の任を終えたビベロがメキシコに帰還する途中、日本近海で遭難し、からくも房総半島に漂着してからのことである。嵐に遭ってマストを折られたビベロの船（サン・フランシスコ号）は、上総国岩和田（現千葉県御宿町）付近で座礁。材木や板にすがりついて陸に達し、ようやくにして村人に助けられたが、乗組員約三七三人のうち五六人が溺死《できし》したという。助かった者たちは大多喜《おおたき》城主・本多出雲守忠朝《ほんだいずものかみただとも》の計らいにより保護され、ビベロも大多喜城に招かれた。彼も『日本見聞録』に、住民や領主から手厚い保護をうけたことを記している。

余談だが、この故事を縁に一九七八年、ビベロや船員と関係の深いメキシコのクエルナバカ市（モレロス州）と千葉県大多喜町、アカプルコ市（ゲレロ州）と同県御宿町が姉妹都市締結をしている。また、二〇一七年には沈没したサン・フランシスコ号の海底探査が実施され、人工物が発見されている。

遭難者がフィリピンの前総督であることを知った将軍秀忠は、彼を江戸城で引見したが、ビベロは事実上の「皇帝」である家康との面会を要望し許される。駿府で家康の引見をうけるにあたってビベロは、自分を世界最強であるスペイン国王の大臣として遇することを求めるなど、かなりしたたかに振る舞った。それは拝謁直後、家康の側近本多正純《まさずみ》に、スペインとの友好と宣教師の保護のほかにオランダ人の追放を要請したことにもあらわれている。

オランダは以前、スペインの属国であったが、一五六八年に独立戦争を起こした。一五八一年には宗主国スペインの統治権の否定を宣言している。その後、海洋進出を強めたオランダは、一六〇二年にオランダ東インド会社を設立してアジアでの勢力拡大をはかった。スペインからすれば宗主権を否定されただけではなく、同国が築いてきたアジアの貿易利権も奪われそうになっていた。ビベロによるオランダ人追放の要請は、まさにスペインとオランダの熾烈な闘いが日本市場をめぐっても展開したことを示すものである。家康がマニラおよびメキシコとの通商を強く望んでいることを知ったビベロは、オランダ人を追放すれば期待に応えますよ、という条件を付けたのである。さすがに前総督、ただ者ではない。外交駆け引きも相当に巧みであった。

だが家康は、海賊行為をはたらくオランダ人の情報は参考になったが、すでにオランダ人に保護を約束しているとして追放はできないと伝えた。オランダについてはしばらく様子をみるということだが、前述のようにオランダやイギリスもスペインの侵略行為を家康に伝えていたから、ヨーロッパ列強は家康を味方に引き込むための情報戦を展開していたといってよい。この段階の家康は、旧教国・新教国のいずれにも過度に傾斜しないというスタンスをとっていたことがみてとれる。

キリスト教政策の転換

ビベロに対して家康は、宣教師の保護を約束した。やはりフィリピンとの貿易をなんとしても実現したかったからだろう。家康はこれより先一六〇二年（慶長七）と〇五年、フィリピン総督に対してキリスト教の布教禁止を通知していたが、ビベロへの家康の回答はこれらの措置の凍結を意味していた。貿易を実現させるためには宣教師の滞在＝布教は容認せざるをえない、と判断したのだと思われる。

キリスト教に対する家康の考え方が転換したことを示す逸話が、ビベロの『日本見聞録』に収められている。京都を見学しているときに耳にした話のようだ。

「（日本の）坊主等悉《ことごと》く団結してわが宣教師等を日本より放逐せんことを請願せしとき、皇帝（家康）は彼らの挙げたる理由に詰められ、日本にある宗派の数幾何《いくばく》なるかと尋ねしに、君（所司代）より三五なりと答えたれば、皇帝は直に三五あらば三六となるも妨げなかるべし、これを存せしめよと言える由なり」

日本の僧侶たちがキリスト教の宣教師を追放するよう請願したとき、家康は、三五ある宗派が三六になっても問題はない、これを「存せしめよ」と述べたという。キリスト教の一宗派が増えても大したことではない。キリスト教に対する家康の柔軟な態度を示すこのエピソードを、ビベロはうれしそうに書いている。

貿易のためのビベロの条件

家康はビベロに、メキシコに帰国する船や必要な資金を提供することを申し出るとともに、銀の精錬技術をもった鉱山技師五〇人をメキシコから派遣してほしいと要請した。家康はこのとき、イギリス人ウィリアム・アダムスが日本で築造した外洋船二隻をもっていた。日本船を提供することで、直接メキシコへの通路を確保しようという思惑であった。

外洋船まで造っていたことからすると、家康の構想はスペインが開発した太平洋横断航路を巧みに利用し、新たな太平洋貿易システムを日本の側から積極的に構築しようとするものだったということができる。

だがビベロは、豊後にサンタ・アンナ号が滞船していたことから、これが利用できない場合に船の提供をうけると回答した。ビベロが家康の提案に慎重な姿勢をみせたのは、これを機に日本船がメキシコ航路に参入するようになると、マニラやメキシコ商人の権益を侵される可能性があったからである。

鉱山技師の派遣については、スペイン国王やメキシコ副王がそれを認めるためには、次の八か条が必要だとビベロは家康に要求した（『日本見聞録』附録第二号「協定条項」）。

1、スペイン人に関東の港を与え、倉庫や造船所を造り、教会を設けて神父をおくこと。

2、メキシコおよびフィリピンの船は日本の諸港に入ることが許され、乗組員とその財貨は損害をうけず、厚遇歓待されること。

3、入港する諸船には低廉な糧食を供給し、造船の職工を普通の賃金で十分に供給すること。

4、フィリピンおよびメキシコとの交通・貿易が開かれたなら、スペイン国王の大使に居館を与えて名誉の待遇をすること。またメキシコ・マニラの商品は協定の代価で販売し、税を課さないこと。

5、スペイン人の鉱山技師を派遣することについてはスペイン国王に奏請すること。またスペイン人が発見した鉱山については、その半分を鉱山技師に与えること。残りの半分は、その二分の一をスペイン国王の所有とし、その他を皇帝（家康）の所有とすること。

6、各鉱山に居住するキリスト教徒の鉱山技師のために司祭をおき、スペイン国王のための徴税人をおき、渡来する船舶のスペイン人は司法権をもつこと。

7、オランダ人を日本から追放すること。すぐにこれを実行しなければスペインとの友好を維持することはできない。

8、日本の港はことごとく測量させること。

スペイン船とスペイン人を保護せよ、司祭在住を保障せよ、というだけではなく、スペイン人が発見して採掘した鉱石の四分の三はスペインのものにする、スペイン人たちに治外法権を与えよ、オランダ人を追放せよ、など、あらん限りの条件をつけている。しかもこれらは鉱山技師派遣のための条件であるから、これを認めないときには技師の派遣もむずかしいということになる。8は貿易船が入港できる良港を見つけ出すためだが、のちにビスカイノが仙台藩領の沿岸を探検したのは、この条件があったからである。

家康がメキシコとの交易を開き、鉱山技師を欲しがっていることを知ったビベロは、このようにスペイン側に圧倒的に有利な交換条件を突きつけた。外交巧者というべきだろう。家康はオランダ人の追放は困難と改めて答えたものの、鉱山技師の件については前向きに検討する姿勢をみせた。

交渉がこのまま進めば、日本とメキシコおよびマニラとの交易は活発化することになる。

だが、先にビベロは、フィリピン臨時総督着任のさい、将軍秀忠に宛てた挨拶状で、マニラ来航の日本船は毎年四隻に制限することを求めていた。日本船が大挙して来航した場合、マニラ商人の商業権益が侵されるからである。ビベロが乗船して難破したサン・フランシスコ号の船長ファン・セビコも、今回のビベロの通商提案に強く反発していた。実際、これだけの条件を家康がのんだ場合、マニラだけではなくメキシコとの通航も制限できなくなるだろう。にもかかわらずビベロは、なぜこうした交渉を進めたのだろうか。

ビベロの日本征服構想

そこには、ビベロなりの戦略があった。それは日本を征服するためである。征服のためにはキリスト教の布教が必要であり、家康に布教を認めさせるためには貿易が必要だった。日本を支配することができればマニラ商人の商業権益など、取るに足りないことだった。彼は日本について、こう述べている。

「日本には多くの都市があり、いずれも人口が多い。全国どこでも米・小麦・大麦を豊かに産出し、狩猟と漁業の収穫量もイスパニアに勝る。銀の鉱脈も多く、金の質はきわめてよい」(『日本見聞録』附録第一号)

日本の豊かさを褒めあげているが、これに続けてビベロは、「このように広大にして繁栄する大王国に進入することはスペイン国王にとってきわめて有利なことだ。私が思うに、この地（日本）に欠けている唯一のことは陛下（スペイン国王）をその国王としていないことだ」と、臆面もなく記している。要するに、スペイン国王こそがこの豊かな日本を支配しなければならない、ということである。

しかし、「武力による進入は困難だ。なぜなら、住民多数にして、城郭も堅固だからである。新イスパニア（メキシコ）の土人のように野蛮なら恐れるに足りないが、日本人は弓・矢・槍《やり》や刀を有し、長銃を巧妙に使う。スペイン人と同じように勇敢なだけではなく、議論と理解の能力においてもこれに劣ることはない」としている。

メキシコ先住民はいとも簡単に屈服させることができたが、日本人には知性もあり軍事力もあるので征服は困難だ、と言っている。一四九二年のコロンブスによるカリブ海への到達を先鞭として、南北アメリカ大陸へ進出したスペイン人は、その圧倒的な火器と兵力によってメキシコやアンデスの地域を征服し、奴隷化してきた。一五二〇年に南アメリカ大陸の南端を回って太平洋に出たマゼランは、翌年には現在のフィリピン諸島に到達した。スペイン人は、一五七一年までにはルソン島をはじめフィリピン諸島の大部分を征服してスペイン領土にしている。フィリピンという名称も、当時のスペイン皇太子フェリペ（のちの国王フェリペ二世）にちなんで、「ラス・イスラス・フィリピナス」（フェリペの島々）と呼ばれたことに由来している。まさにスペインによって侵略された島々であった。

だが、日本はこれらの弱小な地域とは違うのだ、とビベロは認識していた。秀吉時代の日本はバテレン追放令を出し、フィリピン総督には日本への服従を促していた。朝鮮へも二度にわたって出兵していた。ビベロは、臨時とはいえ前のフィリピン総督である。こうした秀吉期における日本とフィリピンとの関係、または朝鮮との関係も知っていた。しかも彼は日本滞在中に江戸、駿府、京都、大坂、豊後臼杵《うすき》など、あちこちの都市や地方を見て回り、要害堅固な城郭に驚嘆している。日本の軍事力の強大さ、強硬な日本外交を肌身に染みて感じていたからこそ、右の文章のように、日本を武力で征服することの困難さを再認識したのだろう。ここにはスペイン勢力による、朝鮮出兵を画期とした日本認識の大きな転換があるといわなければならない。

「皇帝」と「帝国」の日本

ビベロには大きな不安があった。日本を征服するどころか、逆にマニラが日本によって征服されるのではないかとすら恐れていたのである。

「少数の日本人がマニラ市を陥落の危険に瀕《ひん》せしめたること三度なりしは、経験の証する所にして、いま皇帝の怒り、または帝国を拡張せんとの野心より之《これ》をなさんとす。日本よりマニラに至る航海は天候良好なれば十五日に過ぎず。皇帝もし命令を下さば五万人十万人を同市に派遣すること可能にして、之をなさば脆弱《ぜいじゃく》なる城壁内に在る五百のイスパニア人は多勢に抵抗すること能わざるべし」(『日本見聞録』)

マニラが危機に瀕した三度の経験とは、日本人倭寇が襲撃したことを指すと思われるが、日本「皇帝」の命令でもっと大規模に攻撃されればマニラはひとたまりもないと考えていた。翻訳文にもあらわれているが、ビベロは日本を"Imperios"「帝国」や"Emperador"「皇帝」と表現している。わが母国スペインの君主ですら"Rey"「国王」であり"Reino"「王国」であるのに対して、日本に対しては、それより格上の"Emperador"「皇帝」であり、皇帝が統《す》べる国としての"Imperios"「帝国」と表現していたのである。そこにはもちろん、強大な権力をもつ日本の君主、そしてマニラのスペイン勢力をも脅かす軍事大国としての日本、というイメージが投影されているとみてよい。ビベロの報告書には家康をして、"Emperador"「皇帝」とする表現があふれていた。

ビベロの戦略

しかしだからといって、ビベロが日本征服をあきらめているわけではない。では彼が考える、日本をスペイン国王の支配下におくための戦略とはどのようなものなのだろうか。彼はこう述べている。

「武力による侵入の困難なること、真に確実なりとすれば、我らの主なる神の開き給える聖福音宣伝の途により、彼らをして陛下に仕うることを喜ぶに至らしむるほか、選ぶべき途なし」

要するに、キリスト教化を進めることによって日本人の精神世界を掌握しようということである。さらに続けて、

「キリスト教を弘布し、キリシタンの数増加するに至らば、現皇帝（家康）および他の皇帝（秀忠）死したる時は、新王は彼らを苦しむべきこと明らかなる者の中より選ぶことなく、陛下（スペイン国王）を挙ぐべしと考えられる」

と述べる。

日本のキリスト教化が進めば、入信したキリシタン大名や一般のキリシタンたちによって徳川将軍が排斥され、スペイン国王が日本の国王に推戴《すいたい》される、という見通しを述べている。だからこそキリスト教を布教するチャンスを逃してはならない、というのがビベロの考えであった。そのためには家康との交渉で布教の自由を勝ち取ることが不可欠だった。どうやって宣教師をたくさん日本に投入するか。

家康はビベロに、メキシコとの交易を開くだけではなく、鉱山技師の派遣も求めた。これ

に対してビベロは、採掘・精錬した銀についてスペイン側の取り分を多くするよう求めた。それだけではなく、スペイン人鉱山技師や官吏、あるいは常駐する司令官や大使のために司祭や宣教師を伴うことを認めるよう要求している。

だが、司祭や宣教師を滞在させる「真の目的」は、「鉱山またはその付近にあるイスパニア人のあいだに居住せしむるを名として、諸宗派の宣教師をこの地方に入れ、各地に散在して努力し、前に掲げたる収穫を納めしむる」という点にこそあった。「前に掲げたる収穫」とは、日本征服のことである。ビベロは「皇帝（家康）が新イスパニア（メキシコ）貿易開始を望むを好機会」とし、大量の宣教師を日本に送り込もうとしたのである。まさしく布教を先兵として領土化をはかる戦略が赤裸々に語られていた。

じつはビベロには、もう一つのねらいがあった。彼はスペイン国王に、オランダと対抗するために日本の皇帝と親交を維持すべきだと上申している。その理由は、オランダ人が日本を拠点に東シナ海の制海権を掌握すると、スペインが支配するフィリピン諸島は孤立しかねないと心配したからであった。だからこそ家康の希望通りにメキシコとの通商を認め、それと引き替えにオランダ人を日本から追放させなければならない、というのである。そうすれば東シナ海や東南アジア海域においても、スペインのオランダに対する優位性が確保できるという目論見であった。もしメキシコとの通商が叶《かな》わなければ日本はオランダとの関係を大事にし、スペイン側が不利になる。したがって日本との通商関係の確立は、たんに日本征服の第一段階としてだけではなく、オランダとの対抗関係からも不可欠な事業だったのである。

メキシコへの使者

こうしたビベロの思惑に対して家康は、前述のようにオランダ人の追放は困難としたが、スペイン船が日本のどこに入港してもよいという承認（朱印状）を与えた（『異国往復書翰集』三二号）。かくしてビベロと家康は、日本とスペインとの友好の証とするために日本からスペイン国王とメキシコ副王に大使を派遣して進物を贈呈し、通商交渉をおこなうことに合意した。一六一〇年（慶長一五）のことである。

ビベロはスペイン国王に対して、頑迷固陋《ころう》な「野蛮人」（家康のこと）が国王に書簡を送ることになったことについて、「新世界の門戸は此《かく》のごとくして開かれ、数年の内に陛下の領有に帰するを実地にみんことを神に於いて期待す」と書き送った。漂着したという、奇跡のようなチャンスを最大限に活かしたビベロの力量には驚く。彼は、みずからの手腕でここまでこぎつけたことに自尊心を膨らませつつ、この通商交渉がスペインによる日本領有の第一歩になる、と強い期待をみせている。

同年八月、家康はビベロに船を提供してメキシコに送り届けるとともに、フランシスコ会布教長フライ・アロンソ・ムニョスを家康の使者として一緒に乗船させた。この船は、日本に漂着して家康の外交顧問になっていたイギリス人ウィリアム・アダムスが造った洋式帆船（ガレオン船）である。日本名もあったと思われるが、スペイン人はサン・ヴェナベントゥーラ号と勝手に命名している。

ビベロは当初、日本船がメキシコに派遣されることを避けるために、豊後に停船していたサンタ・アンナ号で帰国するつもりだったが、家康が幕府船を派遣することにしたため、やむをえずサン・ヴェナベントゥーラ号に同乗することになった。自分が同乗することによって、家康の使節がメキシコで正当に認知されるように配慮したのではないかともされているが、前フィリピン臨時総督である自分が家康使節を伴うという体裁をとりたかったのかもしれない。

家康はビベロに、この船をメキシコで売却し、その売上金をもって購入した商品を日本に送付することを委ねたという。せっかく就航した日本船をメキシコで売り払うのも不可解だが、長い太平洋横断で船体が傷むことを想定し、復路はメキシコ船の利用を想定したのだろうか。あるいは太平洋横断航路に日本船が参入してくることについては、マニラはもとよりメキシコにも反対論があったことから、その動きに配慮したのかもしれない。いずれにしろビベロのアドバイスによるものであろう。

家康は当初、幕府の使節としてフランシスコ会司祭であるルイス・ソテロを指名した。ソテロは、豊後に向かったビベロの代理として駿府に赴き、先に紹介した家康との協定案をとりまとめた人物であった。家康はビベロが豊後からサンタ・アンナ号で帰国すると考えていたために、ソテロを指名したという。だがビベロは家康の使節として、ソテロの上司であるフランシスコ会布教長フライ・アロンソ・ムニョスを推薦した。ビベロがみずから使節船に同乗した理由と同様に、使節の格をあげるためだったと思われる。それほどビベロは、この使節が成功することを期待していたのであった。だが一方で、使節となることをキャンセルされたソテロは、その後、執念を燃やして家康および伊達政宗の特使としての立場を獲得し、日本とスペインとの関係に新たな一ページを開くことになる。

3　メキシコからの使者ビスカイノ

答礼使および貿易交渉使としての来日

一六一〇年八月（慶長一五年六月）、浦賀を出帆したサン・ヴェナベントゥーラ号には、帰国するビベロと幕府の使者フライ・アロンソ・ムニョス、それに田中勝介《たなかしょうすけ》ほか二二人の日本人が同乗した。使者のムニョスが携えていったのは、スペイン宰相レルマ公への家康親書と、同じくレルマ公宛の将軍秀忠親書である（『仙台市史　慶長遣欧使節』二三号および二六号）。いずれも同内容で、メキシコより渡来する黒船は日本のどの港に着岸してもよいというものであった。日付からみると、一六一〇年一月（慶長一四年一二月）の家康親書はビベロとの交渉がほぼ合意をみた段階であり、それから五ヶ月後の一六一〇年六月（同一五年五月）の秀忠親書はムニョスが使者に決まったあとに書かれたものであった。この両書にはキリスト教の布教を制限するようなことは書かれていないので、メキシコとの貿易を実現したい意欲が感じられる。

そうした使命を託されたムニョスは、メキシコに着くとすぐに大西洋を横断してスペインに渡り、国王に日本との通商を請願した。これとは別に、メキシコ副王は、ムニョスと一緒に渡来した日本人を送り返す船を出すとともに、ビベロの救助と送還に対する返礼の使者を、この船に同乗させて日本に派遣した。その任にあたったのが、セバスティアン・ビスカイノである。

ビスカイノの使命には、家康および秀忠への答礼使および貿易交渉のほかに、日本近海にあるとされていた金銀島の探検も含まれていた。帰国後にビスカイノがメキシコ副王に提出した報告書が『金銀島探検報告』となっているのは、そのためである。一三世紀末にマルコ・ポーロの『東方見聞録』に記された「黄金の国ジパング」以来、日本近海には金銀島があるという伝説がヨーロッパでは流布していた。イギリスのキャプテン・クックやフランスのラ・ペルーズなど、一八世紀の探検家たちも、金銀島を求めて日本近海の北太平洋を航海している。「黄金の国ジパング」伝説に導かれて世界史は動いていた、といってもよい。

ところで、メキシコの外港であるアカプルコに着いたあと、家康の提供したサン・ヴェナベントゥーラ号はメキシコ副王が買い取ったため、ビスカイノの派遣にあたっては新たにサン・フランシスコ号が用意された。同船はいったんフィリピンに向かい、そこから日本に向かうべしという声もあったようだが、フィリピン海域ではオランダ船に襲撃される可能性があったために、メキシコから直接日本に向かうことになった。直航に反対する意見は、日本人がメキシコ航路を知ることを懸念したからであった。

セバスティアン・ビスカイノ

一六一一年三月二二日、ビスカイノ一行はアカプルコを出航した。暴風に襲われて浸水し、強い海流に押されて漂流するなど、幾多の危機を乗り越えて、ようやくにして六月八日、常陸《ひたち》国久慈浜《くじはま》に漂着した。太平洋を横断する大航海は常に死と紙一重であった。漂着先で水先案内人を確保し、六月一一日、江戸湾の浦賀に入港した。

ビスカイノは浦賀から、皇帝（大御所）家康と皇太子（将軍）秀忠に書簡を呈して入港を伝えた。ムニョスに託した家康と秀忠の親書の受領の連絡、ビベロに貸与された銀の返納、メキシコ副王が買い取った幕府船サン・ヴェナベントゥーラ号の代金の支払い、および同船でメキシコに来航した日本人の送還など、答礼使として来日した目的を伝えた。

ビスカイノの江戸登城

一六一一年六月（慶長一六年五月）、秀忠の許可を得たビスカイノは、長銃・小銃、国旗、王旗と太鼓をもった三〇人の部下を従えて浦賀から江戸に向かった。ビスカイノは、スペイン国王ドン・フェリペ三世および国王の代理であるメキシコ副王サリーナス侯爵の使節の任を帯びていたのであるから、世界最強の国スペインから派遣された国王使節である。大国の威厳は、三〇人の儀仗兵と整然たる行列によって示された。浦賀から江戸に向かう船のマストには王旗を掲げ、船尾には国旗と、キリスト教一二使徒の一人であるサンティアゴ（聖ヤコブ）の旗、および歩兵旗を立て、着岸したときには礼砲を轟《とどろ》かせた。幕府船奉行の向井《むかい》将監忠勝《しょうげんただかつ》をはじめ、出迎えに出た将軍の家臣たちはこれをみて、歓喜したという。

着岸地点の海上には多くの舟が集まり、上陸して最初に向かった向井将監屋敷にいたる道筋にも見物人の男女が大勢つめかけて、進むのに支障をきたすほどだったという。五日後、将軍謁見のために江戸城に入ったときにも、華麗なる行列が組まれた。先導役の幕府船奉行の後ろに、三段の列をなしたスペイン兵士、国旗をもった兵士、さらに三段の兵士のあとに王旗、太鼓、後衛の兵士が続いた。ビスカイノは王旗に並んで進んだ。スペイン使節一行の前後には四〇〇〇人余の日本兵が護衛したという。

ビスカイノの報告書には、「この日参集した人々は少しも誇張せずとも百万人以上であった」とある。「百万人」はもちろん過大だが、それほどの群衆で道路はあふれかえっていたということである。この群衆についてビスカイノは、「これは王子（将軍秀忠）がその偉大さを示すために、このようにすることを命じたからである」と書いている。のちの朝鮮通信使の例によれば、幕府は江戸の町年寄を通じて、通信使が通行する町並をきれいにするよう指示を出し、江戸の住民は沿道に鈴なりになって行列を見物した。このスペイン使節の来訪についても、おそらく幕府から町年寄経由で伝達されたに違いない。スペイン大使の側は威風堂々たる行列によってスペインの国威を発揚したが、日本側は大群衆による出迎えで国威と国勢を印象づけたといってよい。民衆にとっても見慣れぬ異国人を見物できる、またとない機会であった。

将軍秀忠との会見

江戸城に入ったビスカイノは「美麗なる」広間で「千余人の貴族」の出迎えをうけたというから、おそらく大広間のことだろう。スペイン使節を迎えるにあたって幕府は大名たちを招集し、西洋の大国スペイン国王の使節が将軍徳川秀忠に拝謁する姿を間近にみせた。幕府はスペイン使節の来訪を、みずからの国内的威信を高めるパフォーマンスとして、みごとに活用している。

大広間を出て将軍秀忠の待つ部屋に案内されたビスカイノは、まず三回、将軍に対して大きく敬礼し、六歩進んで敷台を昇ったところで、さらに低い姿勢で三回敬礼した。そこからさらに進んで一段あがり、そこでも敬礼を三回繰り返した。その場所でビスカイノは持参したメキシコ副王の書簡を出して頭上に戴《いただ》き、三回敬礼をしたうえで、「王座」においた。将軍や列席した幕府高官はこの動きを注視していたが、ビスカイノの美麗なる服装や金で塗装された剣などをみて感嘆したという。ビスカイノは将軍の近くに着席したとあるが、椅子に座ったのだろう。

こうした一連の所作は、将軍拝謁の前に、向井将監の屋敷で将軍側近とのあいだで合意されていたものである。だが、側近が日本の大名と同様に膝《ひざ》を屈した平身低頭の姿勢で将軍に拝謁することを求めたとき、ビスカイノはこれを拒否し、スペインの慣例通り、武器も離さず靴も脱がずに将軍に敬礼することを求めている。もしこの要望が入れられないときは、みずからの使命については発言せず、たんに日本人の送還とビベロの借用金の返済に関することだけを述べて帰国すると主張した。日本の将軍との拝謁儀式はスペイン国王への拝謁儀式と同等の扱いとすることを求めたのである。もしこれに劣る接遇をしようとするのであれば、スペイン国王派遣の友好使としての役割を放棄するということであった。

ビスカイノが求めた礼式は、日本「皇帝」に対するスペイン国王の使者としての振る舞いであった。この意見を聞いた将軍は、すぐに閣老らを招集して対応策を検討した。その結果、スペインから来訪した最初の大使であるため、これに最大限の名誉と厚遇を与えることとし、ビスカイノの要求を受け入れることになった。儀礼のあり方は、当事者の関係を的確に表す表象である。スペインがどのような姿勢で日本に対応しようとしたのか。また徳川国家が世界最強のスペインに対してどのような接遇をしようとしたのか。こうした問題は、当時の国家間の関係を考えるさいに見落としてはならない要素となる。

将軍秀忠とビスカイノの会見は、宣教師のルイス・ソテロとペドロ・バウティスタを通訳としておこなわれた。ビスカイノはメキシコ副王の書簡を奉呈し、スペイン国王夫妻の肖像画を贈呈した。秀忠は、そこに描かれた王妃の端麗さと服装の豪華さに、ことに感銘をうけていたという。

「皇帝」家康との会見

将軍秀忠との会見のあと、ビスカイノはその使命を伝えるために「皇帝」家康に謁見することの許可を求めた。スペイン国王の使節としての口上は将軍秀忠ではなく、大御所家康に伝えるのが当初からの計画だったようである。家康を「皇帝」と称し、秀忠を「皇太子」と呼ぶのは、ビスカイノだけではなくビベロもそうであった。これより早く一六〇五年（慶長一〇）、家康は秀忠に将軍職を譲っていたが、対外的には家康がなお実権を掌握していると認識されていた。「大御所」こそ、日本の「皇帝」なのであった。

駿府に到着したビスカイノは、すぐに家康に拝謁した。一六一一年七月五日（慶長一六年五月二五日）のことである。ここでも将軍秀忠のときと同様に、武器をもち、靴も脱がず、また膝を屈することはせず、国旗と王旗を携え、太鼓隊を従えて、兵士は長銃を携帯することを求めて認められている。

駿府城に案内されたビスカイノは、これを評して、「堅固と豪華さにおいて世界最高の一つに数えられる」と記した。その広大にして堅牢なる駿府城に感嘆を禁じえなかった。日本の軍事力の強大さを、ここでも強く印象づけられたのである。

ビスカイノは二度、家康に拝謁した。一度目はスペイン国王およびメキシコ副王の使者として口上を述べ、書簡と贈り物を呈するためであった。これを終えたあと、いったん退出して再び入室を許され、今度は司令官ビスカイノとして贈り物を贈呈した。その後、通訳の宣教師ルイス・ソテロらも進物を贈呈し、家康は彼らに航海のことなどを尋ねたという。このときの贈り物のうちの西洋時計は、現在、静岡県の久能山《くのうざん》東照宮に保管され、公開されている。

翌日、ビスカイノは「陛下の書記官」である本多正純邸と、「財務議長」なる後藤庄三郎《ごとうしょうざぶろう》邸を表敬訪問し贈り物を呈したが、本多は固辞して受け取らなかったという。その職務に忠実たらんがため、いかなる外国人からの贈り物も受け付けない本多の姿勢をビスカイノは、「同様の職にありて王侯に仕うる者に模範を示すものなり」と評した。これに引き替え、「財務議長」、つまり幕府の金貨鋳造を担った金座当主の後藤庄三郎については、羅紗《らしゃ》その他の品を「躊躇《ちゅうちょ》することなく」受け取ったと書いている。ビスカイノは後藤が小銭も欲しがる人物だと記しているので、そうした情報をどこからか得ていたのだろう。喜んで贈り物を受け取った後藤は、ビスカイノのために力を尽くすことを申し出たという。こうした人物観察も面白い。

驚かされるのは、ビスカイノの宿舎に、家康の宮中（駿府城）に仕える女性キリシタンをはじめ、多くの日本人キリシタンが訪ねてきたり、ミサに参加して宣教師らと交わりを深めたと記されていることである。駿府にも多くのキリスト教徒がいたということだが、とりわけ城仕えの女中がビスカイノを訪問することなど、家康の許可なくしてありえないことだと思われる。家康はビスカイノに対して、キリスト教に寛大な姿勢を印象づけ、メキシコとの通商を実現しようとしたのかもしれない。

一方、ビスカイノは日本とメキシコとの交易を推進し、それによって日本のキリスト教化をめざすという、ビベロと同じ考えをもって日本にやってきた。ビスカイノの著した『金銀島探検報告』には、次のようにある。

「当国とイスパニアとの交通貿易を継続すれば神佑《しんゆう》によって帰依者は増加し、神は悪魔の掌中より当国にある多数の霊魂を救い給うべきこと疑いなし」

ビスカイノもやはり家康がメキシコとの交易に前向きであることをみて、オランダとの断交を交易の条件として提示している。スペインを取るかオランダを取るか、もしオランダを選ぶのであればスペインとの貿易はありえない、とかなり強気に家康に迫った。また先にビベロが条件として提示していた日本沿岸の測量を許可することについて、幕府はビスカイノとの交渉のあと一六一一年一〇月（慶長一六年九月）に諸国に令し、領主は海岸を案内し接遇することを命じている。

家康、禁教に転換

沿岸調査の許可を得たビスカイノは、すぐに北上して同年一一月仙台に入った。伊達政宗に謁見したあと、伊達領沿岸の測量に出向いている。いくつもの良港を発見してビスカイノは江戸に戻ったが、さらに東海道を西に進んで京都や堺を視察。測量図を家康と秀忠に献上するために、駿河に一六一二年七月に到着した。だが家康は面会を許さなかった。それどころか、すでに京都や九州の有馬領と大村領の教会の破壊を命じていた。

家康に態度の急変をもたらしたのは、同年に露見した岡本大八《おかもとだいはち》事件によるとされることが多い。家康側近である本多正純の家臣岡本大八が、九州の大名有馬晴信から旧領回復運動の資金を詐取した事件である。いずれもキリシタンであったことから、家康が激怒した。フランシスコ会宣教師で、のちに支倉常長をスペインに案内することになるソテロはメキシコ副王宛の書簡で、「日本で最も身分の高いキリスト教徒二名、一人は有馬の王（有馬晴信）、もう一人は彼（家康）の書記官の部下（岡本大八）でしたが、彼らがキリスト教界を破壊させる怒りを招くような重大な事態を与えてしまったからです。彼らは非常に重い罪、大逆罪を犯しました」と述べている（『仙台市史特別編8　慶長遣欧使節』資料番号七七号、以下『仙台市史』と資料番号のみ表記する）。

だが家康を怒らせたのは、トラブルを起こした岡本大八と有馬晴信がキリシタンだったから、というだけではなかった。いくつもの要因が重なった結果であった。のちにイエズス会日本管区長ヴァレンティン・カルヴァーリョが書いた文書では、その理由として、岡本大八事件のほかに、「銃を発射しながら王子の城に入ったことや、港を測量したこと」をあげている(パステルス、一九九四)。

カルヴァーリョによると、ビスカイノが将軍秀忠に拝謁したさい、幾人かの兵士たちが銃を発射して轟音《ごうおん》を立てながら江戸城に入ったことを、家康が聞いて非常に怒ったという。浦賀から江戸城近くに船が着岸したときに礼砲を打ち鳴らし、家臣や江戸住民がとても喜んだというビスカイノの報告を前に紹介したが、実のところ、「一の橋を渡る時以外はモスケット銃も火縄銃も発射してはならぬこと」とあった。江戸城の「一の橋」とは大手門の前に架けられた橋のことだと思われるが、そこ以外では発射しないこととあるので、「一の橋」では発射したことになる。

ビスカイノは、駿府での家康のもてなしは不行き届きだったと書いていた。その理由は、ビスカイノが先に皇太子(将軍秀忠)に謁見したので皇帝(家康)が少し怒っているからだろうと推測していたが、家康不快の理由は、江戸城で発砲したことにあったのである。スペイン流の作法で登城することは将軍側近の石川康長《いしかわやすなが》などの了解を得て実施したのだが、家康は気に入らなかったようだ。発砲という行為を、武威を誇ったもの、あるいは江戸城の権威を傷つけたもの、と家康は受けとめたのかもしれない。たしかに、駿府城では礼砲を打ち鳴らしたというビスカイノの記事はなかった。こういう事情であれば、登城の打ち合わせのさいに止められていたのだろう。

アダムスの警告

このような不快の念を抱きながらも、家康はビスカイノに会った。そしてメキシコ・マニラとの交易を促進するための協定書の作成と、スペイン船が着岸するための良港の調査を許可したのだった。だが、家康の外交顧問になっていたイギリス人のウィリアム・アダムスやオランダ人たちが、スペイン人は日本を奪うための艦隊を入港させる目的で港湾の水深調査をしている、と強く家康に警告した。新教国のイギリスとオランダは旧教国のスペインと、宗教的にもアジア貿易でも対立していたから、スペインやイエズス会に対する警戒感を増幅させるようなことを言ったのである。

だが面白いことに家康は、測量を許さずに臆病だと思われるのは心外であり、またスペインが国をあげて攻めてきても十分に国を守ることができるので恐れる必要はない、いまは貿易のことが大事である、と答えたという。秀吉と同様に家康もまた、戦国争乱を統一した日本の軍事力に自信をもっていたのである。とはいえ、安易に港湾測量を許したことは後悔していたに違いない。

家康とアダムスらのやりとりは、ビスカイノがその場に同席していた日本人キリシタンから聞いたというから、家康側近にもキリシタンがいて、情報が筒抜けになっていたということである。のちに探索した結果、駿府の家臣には一四名のキリスト教徒がいたことが判明している（パステルス、一九九四）。

この話を聞いたビスカイノは逆に、オランダ人たちは「はなはだ悪しき国民」であり、スペイン国王に叛旗をひるがえし、虚言を吐き中傷をなすので、これを信用すべからずと、家康や将軍の側近たちに説いてまわったという。こうした助言を彼らはありがたがったとビスカイノは書いているが、実際はそうではなかった。

岡本大八事件

家康の疑心をますます募らせていくことになったのが、岡本大八事件だった。事件の真相は、たんに岡本大八が有馬晴信から大金を詐取したというだけではなく、一六〇九年にマカオで発生した日本人約四〇人の殺害事件とその報復、長崎貿易をめぐる長崎奉行とマカオのカピタン・モール（司令官）との利害対立、およびイエズス会とドミニコ会の肥前国における縄張り争いなどが複雑に絡んだものであった（北島治慶、一九八五）。

マカオで殺害されたのは有馬晴信の朱印船乗組員であり、彼らが乱暴狼藉《ろうぜき》に及んだからだというのがマカオ役人の言い分だった。長崎貿易の権益を維持しようと事件後に来日したマカオのポルトガル人司令官アンドレ・ペッソアは家康に事件の弁明をしようとしたが、かえって家康を怒らせることになった。しかも乗組員を殺された晴信に対して家康は復讐《ふくしゅう》を認めたことから、一六一〇年に晴信はポルトガル船マードレ・デ・デウス号を長崎湾で焼き打ちにし、ペッソアも焼死した。

岡本大八は、ポルトガル船撃沈の功績として当時鍋島《なべしま》藩領になっていた旧有馬領の回復を幕府に取りなす、といって多額の金品を晴信に出させた。だが一向にその気配がないために、晴信が岡本の主君である本多正純に問い合わせて、岡本の詐欺にあったことが判明した。吟味した家康は、贈収賄の当事者である岡本と有馬双方を死罪に処した。いずれもキリシタンだったことから、家康はキリシタンに対する不信感を強めたといわれている。だが、岡本大八を有馬晴信に引き合わせたのは、イエズス会のモレホン神父だった。有馬の旧領にはスペイン系のドミニコ会が入っていたことから、モレホンは有馬が旧領を回復することによってイエズス会の勢力圏に組み込む思惑があったという。

こうした入り組んだ関係がこじれた結果、岡本大八の詐欺事件として表面化したわけだが、当事者がいずれもキリシタンであったこと、その背後に宣教師たちの暗躍があったことが露見することになった。このとき家康は、真っ先に有馬領と大村領の教会の破壊を命じている。かつて一五八七年に秀吉がバテレン追放令を発したさい、一二〇人のイエズス会士が平戸に集まったが、そのうちの七〇人が有馬領に引き取られ、一二人が大村領で保護されていたという（パステルス、一九九四）。そうしたこともあって両領がねらい撃ちにされたのだろう。

しかも家康の家臣のなかにも、少なからずキリシタンがいることが判明した。加えて江戸城での発砲や、ウィリアム・アダムスらによるスペイン人やイエズス会の悪口が功を奏し、家康のキリスト教への嫌悪感を増幅させることになった。

マカオからの抗議と反発

これに輪をかけたのが、一六一一年にマカオから来航したインド艦隊司令官ドン・ヌーノ・ソトマヨールであった。その目的は、前年のポルトガル船焼き打ち事件で停止しているマカオ・長崎貿易を復活させることだった。貿易船渡来のための朱印状が欲しいと求めてきたのである。マカオのポルトガル商人にとって、長崎貿易の存続は死活問題である。しかし司令官は、朱印状を求めただけではなく、前年に長崎でポルトガル船が焼き打ちにあったことにも抗議をし、加えて長崎での生糸取引を統制しポルトガル商人に不利益をもたらしている長崎奉行を廃止することを求めた（ビスカイノ『金銀島探検報告』）。

まだ養蚕業が成立していないこの時期の日本は、中国産生糸の輸入国だった。そのため、生糸をマカオで仕入れて日本に輸出するポルトガル商人は巨利を得ることができた。じつは、ポルトガル商人と連携して、その取引を長崎で仕切り、大きな収益をあげていたのがイエズス会だった。長崎奉行は、イエズス会の仲介を排して、価格統制をおこなおうとしていた。前述のように、ポルトガル船デウス号が有馬晴信に焼き打ちされたが、これはたんにマカオで有馬の家臣が殺されたことに対する報復ということではなく、デウス号の積み荷を差し押さえようとした長崎奉行と船長ペッソアとの確執も背景にあった。

長崎奉行による生糸取引への介入はポルトガル商人らに大きな不利益をもたらすことから、インド艦隊司令官ソトマヨールは家康に長崎奉行を廃止することを求めたのである。しかもそれをポルトガル船来航の条件にするという強気の姿勢をみせたことから、これが家康をさらに怒らせることになった。長崎貿易がポルトガル人の利益にならないというのであれば来なくてよろしい。しかも長崎奉行を廃止せよなどというのは日本に改革を要求することであって、そのようなことは認められないと跳ね返した。彼らは、すごすごと帰らざるをえなかった。世界を植民地化し、貿易を支配してきたポルトガル人の圧力や抗議も、日本の皇帝に対しては通用しなかったのである。この一件からも江戸幕府が、世界に伍する国家としての力を有していたことがわかる。

このようにいくつもの要因が重なることによって家康は、スペイン人やポルトガル人、そしてイエズス会などに対する嫌悪感をますます強めていった。一方で、オランダは一六〇九年に平戸に商館を開いていた。マカオ交易やマニラ交易を失ったとしても、宗教的野心をみせないオランダ人がそれを代替できるとの見通しも得ることができたのである。

こうした状況を総合的に判断して家康は、一六一二年(慶長一七)にキリシタン禁止令を出し、幕府領における教会の破壊とキリシタンの摘発に着手していくことになった。オランダ人やイギリス人が日本にやってきたことで、日本を舞台とした新教国と旧教国の対立が生み出され、キリスト教と貿易をめぐる状況は大きく転換しはじめていた。

「わが邦は神国なり」

家康は国内でのキリスト教の取締りを強化するだけではなく、ビスカイノに託すべく作成したメキシコ副王宛の返書でも、次のようにキリスト教布教の禁止の文言を明記した。

「わが邦は神国なり。(中略)貴国の用いる所の法はその趣ははなはだ異なるなり。我が邦にその縁なし。(中略)弘法を志すにおいては思いて止めるべし。これを用いるべからず。ただ商船来往して売買の利潤、偏えにこれを専らとすべし」(『増訂異国日記抄』)

ここにいたって、幕府がそれまでの容教姿勢を放棄したことがはっきりとわかる。この「わが邦は神国なり」という言葉は、秀吉も述べていた。「神国」思想自体はもともと日本に存在しているが、対外関係のなかでキリスト教と対置するかたちで位置づけなおされている。すなわち、「キリスト教の布教＝スペインの脅威」を排除する理由として「神国」論が再定義されたのであった。その意味でここでいう「神国」論は、禁教を正当化する、国の内外向けの説得言語だといってよい。

前にも触れたように、秀吉も当初はキリスト教を認めていた。家康もビベロに対応したさい、キリスト教を仏教を含めた諸宗派の一つとして容認していた。しかし、これがなぜ、キリスト教＝「邪法」観へと転換するのだろうか。それは秀吉と家康が、「布教＝侵略」の連関に危機感をもった点にある。日本は神国だからという点から「邪法」観が出てきたのではなく、「布教」と「侵略」が一体化しているところに、キリスト教の「邪法」性を読み取ったのである。

このように突如としてキリスト教排除の動きが始まったのだから、ビスカイノはキリスト教を保護するという約束に反すると憤慨した。思惑が狂ったビスカイノは、「キリスト教を庇護せず地獄に向かって道を急ぐ皇帝」、あるいは「キリシタンを迫害する悪皇帝に相当の報いを与えたまえ」と家康を罵《のの》しっている。

一六一二年（慶長一七）八月、ビスカイノはメキシコへ帰国しようと出帆するが、嵐のために船が破損し、メキシコまでの渡航が困難になって浦賀に戻った。当初、家康や秀忠は船の修繕費を出すといっていたのだが、その後は全然相手にしなくなったとビスカイノは嘆いている。帰国の途を失ったビスカイノは途方に暮れることになった。

第五章　伊達政宗と慶長遣欧使節

1　宣教師ソテロの誘い

政宗とビスカイノの出会い

鉄砲伝来に象徴されるポルトガル貿易から始まった日本とヨーロッパの関係は、イエズス会士の来日によってキリスト教布教の舞台ともなった。その後スペイン船が来航してポルトガル商人とスペイン商人との確執が生み出され、宗教的には同じカトリックのポルトガル系イエズス会とスペイン系フランシスコ会・ドミニコ会との対立も顕在化してきた。これらは秀吉時代の特徴だといってよい。家康時代にはプロテスタントのオランダ人が来日して一六〇九年に平戸に商館を開き、イギリスも一六一三年に同じく平戸に商館をおいたことから、貿易環境と日本のキリスト教対応は一変することになった。

貿易交渉と布教許可を得るために訪日したビスカイノだったが、マカオ貿易をめぐるポルトガル人の不祥事や、岡本大八事件の背後にあった宣教師たちの思惑なども露見したため、オランダ人やイギリス人の付け込むところとなった。マカオおよびマニラ貿易の魅力と布教制限とのあいだを揺れていた家康は、これによってキリスト教やスペイン・ポルトガルに対する拒否姿勢を鮮明にし、一転してビスカイノを冷遇しはじめた。

そこにあらわれたのが、奥州大名の伊達政宗であった。一六一三年二月（慶長一七年一二月）、窮状を見かねた政宗はビスカイノに新造船の提供を申し出た。一六一一年の一一月に政宗は、家康の許可を得て三陸沿岸調査にやってきたビスカイノと仙台で会っており、そのときにも、みずから造船しスペイン国王とメキシコ副王に使者を派遣したいと要望していた。奥州という不利な地のために南蛮貿易に出遅れていた政宗は、なんとか独自に交易ルートを開きたいと考えていたのである。ビスカイノの帰国は、そこにめぐってきた千載一遇のチャンスであった。

政宗がいつからメキシコとの通商を考えるようになったのかは定かではないが、一六一〇年、江戸でドミニコ会のホセ・デ・ハシント神父に会った政宗は仙台領で教会用地を提供すると約束している。ハシント神父は以前、滞日中のビベロに同行しており、政宗は同神父を通じて家康とビベロのあいだで進められている通商交渉に関する情報を入手したであろう。

一六一二年、家康が宣教師ルイス・ソテロをメキシコ副王への使者として乗船させたサン・セバスティアン号は浦賀を出航直後に難破したが、じつは同号に政宗は家臣二人を乗り込ませていた。こうした経緯をみると、遅くとも一六一〇年よりも早い段階に、宣教師を招聘《しょうへい》して教会領地を提供し、メキシコとの通商関係を開く構想を抱いていたといってよい。

とくにビスカイノの『金銀島探検報告』で注目しておきたいのは、彼が三陸調査をした一六一一年一二月の段階で、政宗がメキシコとスペインに使者を派遣したいと述べていることである。このことは幕府船および幕府派遣使節とは別に、政宗が独自の派船計画に取りかかっていたことを示すものとみてよい。幕府船のサン・セバスティアン号に家臣二人を乗船させたのは、この政宗船の派遣に備えて航路や通商の可能性を探るためであったと思われる。

このように考えると、船の修復に将軍の協力を得られず落胆していたビスカイノに政宗が使者を遣わし、造船のための木材はすでに伐採していると伝えたことと符節はあう。政宗はビスカイノやソテロらの帰航船が破船したことを僥倖《ぎょうこう》ととらえ、政宗船によってビスカイノ一行をメキシコに送還し、より大きなチャンスをつかもうとしたのであった。

政宗による船の提供が家康の許可を得たものであったことは、一六一三年五月（慶長一八年三月）に幕府の船奉行向井将監が船大工を仙台に派遣したことからもわかる。船大工の派遣は政宗が求めたものであった。ビスカイノ配下のスペイン人船大工たちも、同じころ仙台に向かったとみられている。時期からみて、おそらく造船の最終段階だったと思われる。

竣工《しゅんこう》したサン・ファン・バウティスタ号に乗船したのは、案内役の宣教師ルイス・ソテロ、政宗使節の支倉常長と従者、それに送還されるビスカイノと南蛮人四〇人、幕府船奉行向井将監の家来一〇人余と商人ら、合計一八〇人であった。ビスカイノ一行を除くと、日本人はおよそ一四〇人ほどが乗り込んでいたことになる。政宗がソテロに宛てた一六一三年五月二〇日（慶長一八年四月一日）の書状には、「南蛮へ遣わし申し候使《つかい》の事、此以前に申し付け候者共ニ相定め候」とある（『仙台市史　慶長遣欧使節』四八号。以下『仙台市史』と表記する）。これによると、使節は以前に申し付けた者にするとある。とすると支倉常長は、前年に幕府が派遣しようとして座礁したサン・セバスティアン号に乗り組んでいたのかもしれない。

支倉常長は、政宗のスペイン国王とローマ教皇宛の親書をもっていった。ソテロは家康と秀忠のメキシコ副王宛親書を預かっていたので、幕府の使者としての性格も有していた。こうした任務からみて、政宗と徳川政権とはメキシコ貿易を実現したいという共通の意思をもっていたということができる。

なお、船名のサン・ファン・バウティスタ号はスペイン側の記録に出てくるものであり、日本人が付けた名称ではない。日本名もあったと思われるが、仙台藩の記録には「黒船」とあるにすぎない。この船名が現在通称として使用されているのは、そのためである。

家康は長崎、政宗は仙台へ

一六世紀後半から一七世紀初期にかけて展開した東シナ海交易や南蛮貿易は、地理的に南方に近い西日本の大名や商人たちが中心だった。その拠点となったのは、博多、唐津、平戸、長崎、坊津、豊後府内、堺などであった。伊達政宗は、北日本にある奥州という立地の関係から南蛮貿易に出遅れていた。少しでも航海距離が長くなれば海難リスクを高めるために、それを嫌った外国商人たちは仙台湾まで船を差し向けることがなかった。しかも、人口も少なく市場性の低い奥州にあえて貿易船を向かわせる必要はなかった。

それは江戸も同じことである。家康は、江戸湾の入り口にある相州三浦郡浦賀を国際貿易港にしようとしていた。家康の外交顧問となっていたイギリス人のウィリアム・アダムス（日本名、三浦按針《あんじん》）に、三浦郡逸見《へみ》に領地を与えたのも、そうした構想があったからだろう。だが、この構想を実現するために家康は、フィリピン総督に何度も関東への来航を求めていた。だが、難所の多い日本列島沿いの航路は海難の危険が高く、船長たちは行きたがらなかった。加えて、開府間もない江戸の人口は一五万人程度であったから、なかなか江戸湾に商船が来航しなかったのは当然だった。

そのため家康は江戸湾貿易をあきらめて、長崎や平戸の西南貿易を掌握することに傾斜しつつあった。長崎奉行は、マカオからポルトガル船が舶載した生糸を優先買い付けしようとしたため、ポルトガル商人やそれを仲介するイエズス会としばしば対立した。それはまさに、長崎でのポルトガル貿易を支配下におこうとする幕府の意図を反映したものであった。

これに対して政宗は、マニラ・メキシコ航路が仙台沖を走ることに着目し、食糧や薪水を供給する寄港地として、あるいはメキシコとの直接貿易地として、みずからの立地を活かそうとしていた。東南アジアには遠いが、太平洋の向こうのメキシコにはもっとも近いという逆転の発想であった。インド洋経由でヨーロッパとつながるポルトガル商人は、太平洋横断航路を使わない。そのため政宗のねらいは、マニラのスペイン人に絞っていた。

政宗はスペイン商人を領内に呼び込むために、キリスト教の布教にも寛容だった。宣教師が貿易の仲介をすることが少なくなかったことから、九州の戦国大名たちはポルトガル船誘致のために宣教師を積極的に受け入れていた。家康が日本に滞在中のフランシスコ会宣教師を使者としてフィリピン総督のもとに派遣したのも、彼らが植民地行政官や商人との深いつながりをもっていたからである。イエズス会士はポルトガル船の誘致に協力し、フランシスコ会やドミニコ会の宣教師はスペイン船の来航に力添えをしようとしていた。政宗がフランシスコ会宣教師ソテロの力を借りてメキシコ貿易を開こうとしたのも、そのためだった。

「布教特区」というアイデア

しかし政宗による宣教師の派遣要請は、一転して禁教化を進めはじめた幕府の方針と対立することになる。にもかかわらず、幕府は政宗による宣教師派遣要請を止めなかった。なぜだろうか。

サン・ファン・バウティスタ号出帆前に政宗は、将軍秀忠を江戸藩邸に迎え、駿府の家康のもとにも伺候している。幕府の船奉行向井将監とも密接に連絡をとった。会談の内容は不明だが、その時期からみて、当然、使節派遣のことが話題になったに違いない。これらの会談で大御所家康と将軍秀忠の了解を取り付けたからこそ、安心して支倉常長を派遣することができたと考えるのが自然である。

では、どういう了解だったのだろうか。前に紹介したように、家康のメキシコ副王宛の書簡には布教禁止が明記されているので、禁教政策に変更はない。しかし、伊達政宗がスペイン国王やローマ教皇に宛てた親書では宣教師の派遣を求めている。家康と政宗の考えている方向は正反対だといってよい。この矛盾した内容を合理的に説明できないために、政宗は密《ひそ》かにスペインと手を結んで討幕をねらっていたという討幕野望説、あるいはスペインとの軍事同盟説などが生み出されてきた。だが、方向性の異なる二つの方策を一致させる手段が一つだけある。それは、布教は伊達領に限る、という合意である。現代風にいえば、布教特区とでもいうべきアイデアであった。

スペイン側は、貿易交渉において布教の機会を確保することにこだわっていた。したがって少しでも貿易の可能性を探るとすれば、家康も伊達領での布教は容認せざるをえない。もし政宗が派遣する支倉常長の通商交渉が成功すれば、スペイン船が伊達領内に入ることになる。だが、政宗だけが貿易のうま味を味わうのでは家康も面白くはない。であれば、貿易船を江戸湾に回航させればよい。これによって家康もまたメキシコ貿易を実現することが可能になるからである。貿易船に潜入した宣教師が密かに上陸する危険性はあるが、それはしっかりと監視すればよい。そうすれば江戸で上陸しての布教活動も封じ込めることができるので、幕府の禁教政策の維持と貿易の実現は両立が可能だということになる。

なぜ支倉使節団の派遣を家康が容認したのか。その可能性の筋道を考えると、政宗と家康・秀忠とのあいだに、このような合意があったと考えるのが自然である。家康は、政宗の交渉によって得たスペインとの通商を、関東にも引き込む可能性が期待できたのである。もちろん、伊達領だけの布教許可でスペイン側が満足するかどうかは、この段階ではまだわからないことであった。

こうして政宗と家康の思惑は一致した。だが、家康が支倉派遣を容認したのは、たんに貿易利権への魅力というだけではなかっただろう。当時はまだ大坂に豊臣方が存在し、徳川政権の基盤が十分に確立していない状態でもあった。奥羽の有力大名である伊達政宗を徳川方に引きつけておくためには、政宗の要望を聞き入れざるをえないという、地政学上の判断もあったのではないだろうか。

改竄された家康親書

政宗の使節派遣を強力にサポートしたのが、フランシスコ会宣教師のルイス・ソテロである。彼は一六〇三年に、フィリピン総督から家康への贈り物を携えて、フランシスコ会の日本布教長ディエゴ・ベルメーオらとともに来日した。ソテロは太平洋貿易を「マニラ—マカオ—日本—メキシコ」の環で構想していた。マニラやマカオの市場は日本との貿易に大きく依拠しており、もし日本を失えば存立できなくなると考えていた。そうならないためにも日本皇帝の要望に応じてメキシコとの通商を開くべきであり、もしこれに応じなければ日本はオランダやイギリスと同盟を結ぶことになるだろうとメキシコ副王に主張している。ソテロは、オランダやイギリスと対抗するためにも日本皇帝の要望を叶えることが大事だと考えていたのである。だからこそソテロは家康を説いて、メキシコ副王への親書をみずからに託すよう求めたのだろう。もし通商が実現すると家康は、より大きな貿易に魅力を感じて布教禁止を撤回するかもしれない。キリスト教布教の禁止と緩和のあいだを揺れ動いてきたそれまでの家康の動きをみれば、この可能性に期待することには合理性がある。禁教が強化されたので通商も意味なし、とするビスカイノとの違いがそこにあった。

だがここで注意しなければならないことは、ソテロが家康のメキシコ副王宛親書を改竄《かいざん》した可能性が高いということである。『増訂異国日記抄』を校訂した村上直次郎氏は、家康親書の日本文には存在するもののスペイン語訳からは削除されている文言があると指摘している。その削除された文言とは、家康親書の根幹をなす次の一節だった。

「釈典に曰《いわ》く、縁無き衆生は度し難し。弘法を志すにおいては思いて止めるべし。これを用いるべからず。ただ商船来往して売買の利潤、偏えにこれを専らとすべし」（『増訂異国日記抄』）

これについて松田毅一氏は、「縁無き衆生は度し難し」という文言は訳出がむずかしかったかもしれないが、「弘法」すなわち布教はやめよとか、商船のみ来舶せよという文言は故意に記載しなかったことが明らかかと指摘している。さらに注意すべきは、次のビスカイノの言である。彼はこの家康親書をみて、「キリシタンを保護する約束に相違し、我らの教えを喜ばずとしたためあり」（『金銀島探検報告』）と書いていた。ビスカイノは日本語を理解できなかったから、訳文の作成をソテロとセバスティアン・デ・サン・ペドロらに依頼した。その訳文をみて彼は、「我らの教えを喜ばず」という文言、すなわち布教をやめよということが書かれていることを知った。

しかし、メキシコ副王に届けられた親書の翻訳文には、前掲したこのもっとも大事な部分が省略されていた。ということはソテロはビスカイノにみせた訳文からこの部分を削り、それをメキシコ副王に届けたということになる。ソテロが改竄したことは、ほぼ間違いない。家康の意図は、スペイン側に正確に伝えられなかったのである。あえてソテロの立場に立った言い方をすれば、改竄してまでもなんとか両国の通商を実現したかったということだろう。

ソテロの策士ぶりがあらわれているのは、伊達政宗を引き込んだことである。政宗は、南蛮船を自領に誘致するためには布教の容認が不可欠だと考えていた。そのため幕府がキリスト教取締りを強化し、多くの大名がそれに従いはじめていたにもかかわらず、伊達領では容教姿勢を貫いていた。そこに目をつけたソテロは、政宗にスペイン国王への使節派遣を勧めた。もちろん政宗は即座にそれに応じ、帰国の途を失っていたビスカイノに新造船提供を申し出るとともに、支倉常長の派遣を決めたのである。

ただしソテロのねらいは、もう一つあった。政宗はスペイン国王にフランシスコ会宣教師の派遣を要望するだけではなく、ローマ教皇に対しては大司教の設置を求めている。イエズス会ではなくフランシスコ会の宣教師であることと、たんなる司祭ではなく大司教を要望しているが、これはソテロの指導によるとされている。ソテロは政宗と家康にメキシコとの通商の斡旋《あっせん》をするだけではなく、先行して布教していたイエズス会と対抗するために、フランシスコ会士による大司教職の設置を画策し、みずからその地位に就こうとしていたのだった。ソテロは政宗の遺欧使節を実現させることで、みずからの野望も叶えようとしたのである。

仙台領で布教活動に従事していた宣教師アンジェリスがのちに記したところによると、政宗の近臣でありキリシタンであった後藤寿庵《ごとうじゅあん》の情報として、当初政宗はメキシコへの船の派遣を考えていたが、ソテロの勧めによってスペイン国王とローマ教皇への使節派遣を決めたという。書簡ではなく使節派遣となると相当の覚悟が必要になるが、メキシコ貿易を確かなものとするためには、スペイン国王に拝謁して宣教師の派遣を求め、キリスト教保護の姿勢を印象づけたほうがよいという説得がなされたのだろう。

2　支倉常長の旅

貿易反対に転じたビスカイノ

サン・ファン・バウティスタ号がメキシコに到着するまで、スペイン国王やインディアス顧問会議、メキシコ副王などは、日本との通交に賛成だった。一六一〇年に帰国したビベロや家康の親書を携えた宣教師ムニョスらの報告にもとづき、スペイン国王と顧問会議は、日本皇帝（将軍）の求めに応じて、毎年一隻の船を派遣することにしていた。日本が期待する通商を認めることで、キリスト教の布教を進める戦略であった。

では、どのような貿易品を期待していたのだろうか。ソテロがメキシコ副王に出した覚書によると、日本には、毛織物や羅紗、リネン、葡萄《ぶどう》酒、コルドバ革、アーモンド、薬品類、鏡、櫃《ひつ》、その他の細工物などがもたらされるとある。とくに、メキシコでは安いが日本では高価に売れる毛織物などが注目されていた。コルドバ革は、スペイン革とも呼ばれるスペインの特産品であった。一方、メキシコ側が日本との貿易で手に入れることができるものとして、帆綱など船具や、弾薬、釘《くぎ》、鉄、銅、その他の金属、水銀などがあげられている（『仙台市史』七七号）。船具は太平洋を横断する船の用品として重要であった。ソテロによれば、東南アジアの植民地であるマニラやモルッカからの海洋船がメキシコ往復の途中で日本に寄港できると、食料や薪水、さらに軍需品の補給ができ、インド・マカオ・マニラ・日本とメキシコとの貿易を、さらに拡大できると期待している。

だが、サン・ファン・バウティスタ号でメキシコに戻ったビスカイノは、日本で強められているキリスト教取締りの実態をスペイン国王に報告し、日本との通商に強く反対した。本来は日本とメキシコとの通商交渉のために、メキシコ副王派遣の大使として渡日したビスカイノであったが、眼前で幕府によるキリスト教禁止の動きを見せつけられたことから大いに憤慨し、反対論の急先鋒となった。布教が実現できない以上、日本と貿易関係をもつことはスペイン側にとって何のメリットもないと考えたのである。メキシコやマニラの商人たちの反対を押し切ってまで通商関係を開こうとしたのは、あくまで布教の条件を確保するためであった。それが叶わない以上、もはや通商関係の樹立にこだわる必要はなくなった。またビスカイノは、メキシコとの貿易を積極的に推進しようとするソテロが政宗や家康らとの交渉を主導し、サン・ファン・バウティスタ号でもソテロが艦長としての立場をとったことに憤慨していた。

揺れるスペイン政府

支倉常長が大西洋を越えてスペインのセビリアに着いたのは一六一四年一〇月二一日。首都マドリードに入ったのは一二月五日のことである。通訳は、ソテロと、同じく日本から同行した宣教師ら数人が務めた。支倉使節団への対応をめぐってスペイン政府内では、さまざまな書簡のやりとりがなされた。たとえば、支倉常長が日本国皇帝（家康）の使者ではないことが問題視されている。日本全土を支配しているのは皇帝"Emperador"であり、伊達政宗は「奥州国王」"Rey de Voxu"にすぎないということである。スペインの植民地行政をつかさどるインディアス顧問会議は、「奥州国王」は皇帝（家康）に従属しているので、大使

（支倉）の扱いはイタリアの諸侯が派遣した大使と同等でよいとスペイン国王に上奏している。さらに伊達政宗が宣教師の派遣を求めているのは口実で、じつは貿易の利益を求めるためであろうという疑念も大きくなっていった。

ビスカイノをはじめ、ほかの宣教師からも日本ではキリスト教への弾圧が強化されているという情報がもたらされてきたために、ソテロは信用できないという声も大きくなっていった。支倉をすぐにマドリードから日本に帰国させるべきだという意見もあったが、一方では宣教師の派遣を求めてきた日本からの使者なので大事に接遇したほうがよい、という声もあった。

種々の意見が飛び交うなかで、ソテロの粘り強い要請が奏功してスペイン宰相であるレルマ公が後押ししたため、一六一五年一月三〇日、支倉常長はスペイン国王フェリペ三世に謁見を許された。支倉は伊達政宗の親書と「申合条々」（『仙台市史』一四〇号、一四一号）を国王に奉呈し、ソテロは日本国皇帝から託された使命を言上している。

政宗が求めたのは、宣教師の派遣と政宗船のメキシコへの来航許可だが、フィリピンやマカオ、モルッカにも政宗船が行くので保護してほしいということも記されている。マニラには政宗船が入港していた可能性を示す記録があるが（ファン・ヒル、二〇〇〇）、メキシコとの貿易を機に東南アジア貿易にも積極的に進出し、さらに拡大する意思が示されている。

支倉常長

その代わりにスペインに対しては、フィリピンやメキシコから伊達領に寄港したときには保護して取引の自由を与えること、スペイン人については治外法権とすることも記されていた。スペイン国王の敵であるオランダ人とイギリス人は伊達領では受け入れない、とも明記されている。ソテロの言上にもあったように、アジア市場でのスペインの最大のライバルはオランダとイギリスであり、政宗はこれら両国とはつきあわず、スペインとの交誼を大事にすると宣言したのであった。オランダとイギリスが伊達領の港まで来航してくれる可能性は低かったから、国際貿易の現実的な選択肢としてメキシコ貿易に賭《か》けたといってよい。ソテロもまた、日本の皇帝（家康）がスペインとの友好を強く望んでいることを伝えた。

　とくにオランダ人やイギリス人との関係を断つという政宗の言に動かされた宰相レルマ公は、ローマまでの旅費の手当とローマ教皇宛の国王書状を準備することを約束した。それだけではなかった。翌二月一七日に支倉は王立フランシスコ会女子修道院教会で洗礼をうけるのだが、なんとスペイン国王や貴族たちがその洗礼式に出席したのである。洗礼式に立ち会って神への証人となる代父は、国王の意向によりレルマ公が務めている。支倉が日本人を代表してキリスト教徒となること、日本人の多くがキリスト教徒になり、日本がスペイン国王の支配下に入ることに大きな期待が寄せられていたからである。

だからこそ幕府がキリスト教の取締りを強めているという日本からの情報は、王室、インディアス顧問会議、枢密会議、レルマ公、イエズス会、フランシスコ会、教皇庁大使などの判断に大きな影響を与えた。先に日本に上陸して教圏を拡大してきたポルトガル系カトリックのイエズス会は、ソテロがスペイン系カトリックであるフランシスコ会の影響力を強めようとしているとして強く警戒した。実際、政宗のスペイン国王宛書状には、フランシスコ会の宣教師を派遣してほしいという文言があった。もちろん、フランシスコ会に所属するソテロの教唆によるだろう。

このように、スペイン政府内の意見の相違や宣教組織どうしの勢力争いなども顕在化してきたが、キリスト教に帰依し受洗までした遠来の使節に名誉と恩恵を与えよ、というスペイン国王の意向もあって、日本との通商の許可については判断が留保されたまま、支倉はローマに向かうことになった。

ローマでの歓迎

一六一五年一〇月二五日に地中海経由でローマに入った支倉一行は、その日のうちにローマ教皇パウロ五世の内謁をうけた。しかもその四日後の二九日には、ローマ入市式がおこなわれている。一六一五年にイタリアの歴史学者シピオーネ・アマーティが書いた『伊達政宗遣欧使節記』(『仙台市史』に収録)によると、華やかなラッパ隊と多くの貴族たちが支倉を先導し、列を組んだ騎馬隊に伴われて白馬にまたがった支倉使節団がこれに続き、祝砲が放たれるなか、沿道には市民が群れをなして歓声をもって迎えた、とある。サン・ピエトロ広場をはじめ、一行が通過した街路や広場は無数の人々と馬車で埋め尽くされており、絹織物で飾られた建物の窓辺には、ローマの貴婦人たちが見物のために陣取っていた、ともある。

入市式とは、権力者が都市に入るさいの歓迎式典のことである。ヨーロッパでは中世以来、ロンドンやパリなどの主要な都市で国王の入市式がおこなわれている。それがイタリアでは、海外からの賓客《ひんきゃく》にまで入市式を実施していたことになる。前述のようにスペインのインディアス顧問会議はイタリアの一諸侯の使節並の待遇でよいと国王に上奏していたが、ローマ教皇はそれを越える破格の待遇で支倉一行を迎えたのであった。

賓客としての待遇は、それだけではなかった。ローマ市会は支倉常長と随員四名にローマ市の市民権を与えたが、支倉には貴族位も追贈された。ローマ市民権はこれより前の一五八五年に、九州のキリシタン大名が派遣した天正遣欧少年使節四人にも与えられているが、貴族に列せられたのは支倉が初めてだった。支倉が持ち帰った「ローマ市公民権証書」は現在、仙台市博物館が所蔵している。

遠く東洋の地からやってきたサムライは、このように賑々《にぎにぎ》しく歓迎された。ローマ教皇との正式な謁見式は、サン・ピエトロ宮殿において、聖ローマ教会の枢機卿や貴族たちが多数列席し、荘厳な雰囲気のなかで執りおこなわれた。支倉はこの席で主君伊達政宗の書簡を教皇に奉呈し、宣教師の派遣や日本での大司教の設置を願うとともに、メキシコと日本との交流促進をスペイン国王に推奨してほしいと要望している。

イエズス会とフランシスコ会の対立

支倉常長からローマ教皇に提出した要望は、複雑な反応を引き起こした。たとえば、ポルトガル政府事務官から教皇に提出された覚書には、司教の新たな任命は長崎にいる司教の権限を侵すだけではなく、日本皇帝の怒りを増幅させるだろう、とある。家康や二代将軍秀忠は禁教令を出しながらも長崎に司教がいることを我慢しているが、それはポルトガル貿易を失わないためである。さらに司教を増やせば、この方針を変えるだろう、と懸念を表明した。宣教師の派遣はよいが、司教を増やすなど、日本政府をこれ以上刺激するようなことは避けるべきだ、という意見である。

こうした意見の背後にはイエズス会とフランシスコ会の勢力争いがあった。この覚書には、日本の支配権はポルトガルにあり、日本の首席司教はゴア（インド）の大司教だともある。その根拠は、世界をスペインとポルトガルで二分割することを定めた一四九四年のトルデシリャス条約にあった。大西洋で南北に線を引き、東側はポルトガル、西側はスペインの領土支配権があるとした、あの世界領土分割条約であった。日本に最初にやってきたのは東回りでアジアに進出したポルトガル系のイエズス会であり、その拠点はポルトガルの植民地であるインドのゴアにあった。西回りの太平洋経由でアジアに到達したスペイン系のフランシスコ会が日本に大司教をおけば、その権利と権限を侵すことになると批判している。支倉使節団の訪問は、日本での布教権の確保をめぐるカトリック組織内部の争いと、ポルトガルとスペインの領土権の問題を顕在化させたともいうことができる。

ローマ教皇は教権の拡大につながるので日本からの要望を叶えてやりたいとの姿勢をもっていたが、このような複雑な関係が表面化してきたこともあって、支倉への回答は曖昧なものとなった。宣教師は派遣するが、大司教はおかない。メキシコと日本との貿易については便宜をはかるようにスペイン国王に伝えるが、奥州国王（伊達政宗）は早く受洗するように、といった内容であった。支倉使節の来訪については歓迎しつつも、禁教を強化しつつある日本に対しての疑念も払拭できない内容となった。

粘る支倉常長

一六一六年一月、ローマからマドリードへの帰路についた支倉一行に対して、スペイン政府の対応は冷淡だった。この前年に日本では大坂の陣によって豊臣秀頼《ひでより》が自害し、キリシタンを保護してきた豊臣家が滅亡したことや、徳川幕府によるキリスト教の取締りが強められていることなどが、イエズス会宣教師によって伝えられていた。不快感を強めたインディアス顧問会議は、支倉とソテロにマドリードに立ち寄らずにセビリアに直行してメキシコ行きの船に乗るように促し、スペイン国王の政宗宛返書はマニラで交付することを通告している。マニラまで急ぎ立ち去れ、という拒絶感のあらわれであった。用意された政宗宛国王返書の内容は、使節の来国を喜びつつも、通商に対する言及はなく、宣教師とキリスト教の保護により領国内の宣教が実現することを願う、というものであった。

これに危機感を抱いた支倉はセビリア近郊の修道院に滞在して、スペイン国王に粘り強い嘆願を重ねた。一六一七年四月に国王に呈した書簡には、幕府による禁教の強化にもかかわらず、主君政宗は信徒を保護していることを強調した。もしメキシコとの通商が困難ならスペインと直接通商したいと求め、またフィリピン総督に政宗との通商に特別な配慮を命じるよう要請した。だが、はかばかしい返事をもらえなかった支倉は、同年七月頃、あきらめてメキシコに向かった。

これより少し前の一六一七年三月、支倉を迎えるためにサン・ファン・バウティスタ号がメキシコのアカプルコに到着していた。同船でやってきた伊達政宗の家臣横沢将監《よこざわしょうげん》からの情報を得た支倉とソテロは、メキシコから、豊臣家滅亡後も伊達政宗が宣教師やキリシタンを保護していることを訴え、あくまでメキシコとの通商が実現するよう要望している。

もちろんこの要望は叶えられなかったが、支倉は帰国にあたり、新任のフィリピン総督にサン・ファン・バウティスタ号に一緒に乗船してマニラに赴任することを勧めた。オランダ人との戦争に備えて、同号に積載している弾薬糧食を提供するとも申し出ている。実際、支倉はマニラに着くと、オランダとの戦闘を支援するために同号をフィリピン総督に売却した。

興味深いことに、同船でメキシコに来航した横沢将監は、このフィリピン総督を教父として洗礼をうけていた。横沢は総督を助けてマニラでオランダと戦うことを望み、総督もまた政宗と親交を結ぶことを期待していたという。こうした動きをみると、メキシコとの通商に期待をもてない状況のなか、支倉と横沢はフィリピン総督の取り込みをはかり、少なくともマニラとのあいだだけでも通商を開こうとしたのだろう。だが、それが実ることはなかった。

支倉の帰国と政宗の対応

支倉常長がマニラから長崎を経て仙台に帰着したのは一六二〇年九月二〇日頃のことである。仙台領で活動していた宣教師のアンジェリスによると、支倉帰着後、わずか二日にして禁教令の高札が領内に掲示されたという。幕府の禁教令が出されているなかで、仙台領は支倉の帰国まで禁教令が布達されていなかった。幕府容認で支倉使節を送り出した以上、幕府も支倉の交渉結果を待っていたとみてよいだろう。

だが支倉が帰国して貿易交渉に失敗したことが判明すると、政宗はすぐに禁教令を発布した。領内での布教を容認したままであれば、明確に幕府の禁教令に反するからである。後述するように、家康が亡くなったあと、二代将軍秀忠はスペイン国王に宣教師派遣を求めた政宗に対して疑念を膨らませていた。だからこそ政宗は素早く対応することが必要だった。この秀忠との関係については、第六章でも取り上げることにしたい。

3　政宗の意図をめぐる諸説

スペインとの軍事同盟説について

伊達政宗が派遣した遣欧使節の真の目的は、宣教師の派遣要請や貿易交渉ではなく、スペインとの軍事同盟を結ぶことにあったとする意見がある（大泉光一、二〇一三ほか）。その主な根拠は次の三つである。

第一に、伊達政宗がスペイン国王に提示した協約案（「申合条々」）は、幕府に内密に結ぼうとした軍事同盟であること。第二は、政宗がローマ教皇にカトリック王への叙任と騎士団の創設を要望したこと。第三は、宣教師アンジェリスの書簡に、政宗がスペインと軍事同盟を結ぼうとしているのではないかと将軍が疑っていると書いてあること、である。だがこれら三点はいずれも、以下の理由から軍事同盟説の根拠とすることはできない。

まず第一点だが、この考え方には、支倉が文書で提出した協約案とは別に口頭で軍事同盟を提案したという前提がある。だが、口頭であろうと文書であろうと、これほど重大な提案があったとしたならば、そのことをスペイン側が記録に残さないはずはない。スペインで話し合われていることについて、これは徳川幕府に知られたらまずいので、スペインでも記録に残すのはやめておこう、などとなることはありえないからである。にもかかわらず軍事同盟に関する言動がスペイン側の記録でまったく確認できないのは、そのような事実がなかったからだと理解することがもっとも自然である。

第二点は、政宗がローマ教皇にキリシタン王への叙任とキリスト教徒騎士団の創設を請願しており、そのことが三〇万人の日本人キリシタンと連携してキリシタン王国をつくり、武力をもって討幕する計画をもっていたことの根拠だという。だが、肝心のスペイン国王には軍事同盟の提案をしておらず、ローマ教皇から仮に「キリシタン王」の叙任を受けたとしても、スペインとの軍事的関係が成立するわけではない。また政宗が支倉を派遣した当時、大坂には豊臣家が存在していた。大坂の陣のさいには多くのキリシタン武将が豊臣方に参じたように、もし政宗がキリシタン王に叙任されたとしても、全国のキリシタン武将や信徒たちが政宗のもとに一致団結する可能性はきわめて低かった。そもそも政宗は大坂の陣後に、幕府軍に攻められたら勝ち目はないと述べていた（本書第六章の1）。

しかもキリシタン王の叙任や騎士団の創設についてイエズス会側では、ソテロが政宗の名前をかたって申請したものであり、そのことを政宗が知れば、ソテロのことを大変不快に思うはずだとまで指摘している（浅見雅一、二〇〇三）。関連史料を丹念に読めば、「キリシタン王」の叙任申請も、政宗の意思ではなく、ソテロが日本の大司教ポストを得るための画策だったことが理解できる。

第三点の根拠とする宣教師アンジェリスの書簡は、仙台領で布教活動をしていた彼が、支倉が帰国した直後の一六二〇年一一月三〇日にイエズス会宛に出したものである。次に引用しておく。

「（前略）航海中に死んでもいい六右衛門（支倉のこと―筆者注）は死なず、再び日本に戻って来たので、政宗は彼が日本に（帰）着したと聞くと、テンカドノ（tencadono／天下殿・将軍）に対する恐れから、領内のキリシタンを迫害することに決した。天下（将軍）殿は政宗がエスパニア国王に遣わした使節のことを知っており、政宗はテンカ（天下：tenca）に対して謀反を起こす気であると考えていた。そのため、政宗はエスパニア国王への使節派遣はテンカに対して謀反を起こすためではなく、また、キリシタンと手を結ぶためでもないことをテンカドノ（天下殿）に示すべく、直ちに使者を彼の許に遣わし、キリシタンに対する迫害を始め、その内の幾人かを処刑した」（大泉光一、二〇一三）（傍点筆者）

この書状を読むと、政宗が謀反を起こすためにスペインと同盟を結ぼうとした、という解釈の根拠にはならないことが、よくわかる。ここで述べられていることは、政宗が謀反を企てるために大使を派遣したのではないかと天下殿（将軍秀忠）が考えている、ということである。そう考えたのは将軍であって政宗ではない。この書状で明らかになるのは、将軍の側が政宗を疑っていたということであり、その疑いを晴らすために政宗はキリスト教を迫害したということである。したがって、この書状を政宗「謀反」＝討幕説の根拠にすることはできない。では、なぜ家康が許可した使節派遣に対して、二代将軍の秀忠がそのような疑いを抱いたのだろうか。その点については、本書第六章「政宗謀反の噂と家康の情報戦」で明らかにする。

「政宗は次の皇帝」

スペインとの軍事同盟説とかかわって政宗野望説の根拠とされるのが、「政宗は次の皇帝」だとする言説である。この発言を繰り返していたのは、宣教師のルイス・ソテロであった。一六一四年一月、サン・ファン・バウティスタ号がメキシコに到着したあと、ソテロはメキシコ副王に宛てた書簡で、「奥州の王」である政宗を、「日本の諸王の中でも、最も強大で勢力があり、武威に優れた一人」なので、「皆の意見では皇帝になるであろう」とみなされていると紹介した。同年九月二六日、スペイン宰相のレルマ公には、「日本の最有力者の一人であり、今の皇帝の跡を継ぐであろうことは衆目の一致するところです」と書き、翌一六一五年一一月、ローマ教皇の謁見の場でも、「大使（支倉）」の「王（政宗）」は、「近いうちにその国の最高君主」になるかのように紹介している。

政宗は日本において「次の皇帝」になるとみなされている人物だと、ソテロはあちこちで吹聴してまわっていたのである。ソテロの発言を信用した宰相レルマ公もインディアス顧問会議議長に対して、「奥州の王は皇帝に従属するすべての領主の中で、日本で最も強大な者の一人」であり、「現皇帝（家康）の死亡後に皇帝となる望みがあり、もしそうなった場合に好意的であるならば、特に宗教面において計り知れない便宜を得られるであろう」と書き送っている。

現皇帝である徳川をも追い落とす勢いをもつとされている伊達政宗。その政宗が宣教師の派遣を求めているのであるから、彼が「次の皇帝」になったときに日本はキリスト教国家に生まれ変わるだろう、という期待が高まるのは当然かもしれない。それこそソテロのねらいであった。

ソテロの発言を含めてこれらは、政宗みずからが帝位につく野心をもっているかのような情報だが、これだけでは政宗の野心を証明するものとはいえない。あくまでソテロを含めた日本滞在宣教師のなかで、政宗が「次の皇帝」になることへの期待が強かったことを示すものにすぎないからである。

こうした「政宗皇帝待望論」は、日本人キリスト教徒のなかにもあった。サン・ファン・バウティスタ号に同乗した三人の日本人教徒は、支倉がローマ教皇謁見を終えたあと、畿内のキリシタン四〇人が署名した書状をローマ教皇に奉呈した。この四〇人は京都・伏見・大坂・堺の在住となっているため、「五畿内キリシタン願書」と称されている文書である。司教の増員や学院（コレジオ）設置の要望などが記されていた。だが、そこには伊達政宗を讃える文言も書き込まれていた。

「此人（政宗）、日本にて一番之大名、知恵ふかき人にて御座候へは、日本之主になり候とのとりさた（取り沙汰）御座候間、万《よろず》とゝのい申様ニ、御をや（親）様を奉頼候」（『仙台市史』二一四号）

驚くべきことに、政宗は日本で一番の大名であり、いずれ「日本之主」になると噂されている人物だと書いてあった。だからこそ、「万《よろず》とゝのい申様ニ」、つまり政宗の要望を聞き入れてメキシコとの通商を開いてほしいという願書になっている。文中に「御をや（親）様」とあるのは、ローマ教皇のことである。

これまでの研究によれば、「五畿内キリシタン願書」は署名の筆跡が同一であるために、ソテロか、あるいはソテロに近い人物が作成したのではないかと指摘されている。この三人の日本人教徒が作成に関与していた可能性が、もっとも高い。そもそも支倉使節に日本人キリシタンを同行させるというアイデアはソテロの発案であっただろうし、その同行日本人にこうした役回りをさせることも計算ずくであったに違いない。ソテロの策士ぶりがここにもあらわれている。

このように日本滞在宣教師や日本人キリスト教徒のあいだに、根強い「政宗皇帝待望論」があったことは間違いない。だがソテロは、次のような問題発言もしている。一六一六年四月、マドリード駐在のローマ教皇大使に、「奥州の王は現皇帝が死ぬのを待たずして皇帝位を手に入れるために、皇帝に対し武器を取った」と語ったというのである。ソテロは、「次の皇帝」どころか、「政宗挙兵」の虚偽情報まで要人に流していたのであった。政宗に関するソテロの発言はますます過激になってきているが、このころになるとスペインでは、ソテロの言動に疑いを抱く者が増えていた。

ところで肝心の支倉常長は、政宗についてどう発言していたのだろうか。ローマ教皇に拝謁したさい支倉が、「彼の王である政宗が遠からず日本の皇帝となり得るために」と請願したとする記録がある(『仙台市史』二四六号)。だがローマ駐在ヴェネツィア大使は、ローマ教皇拝謁の様子について、政宗が「遠からずして日本皇帝の位につくべきもの」と発言したのは聖フランシスコ会修道士(ソテロのこと)だと書いていた。支倉が「次の皇帝は政宗」と発言したわけではないことが、ここからわかる。

こうして発言の主体を見極めていくと、「政宗は次の皇帝」という言説は支倉が公言したものではなかった。むしろ、ソテロがスペインやローマで拡散させたものだと理解したほうがよい。

「王国と王冠の献上」

「政宗は次の皇帝」と並んでしばしば注目されるのは、スペイン国王拝謁のさいに支倉がなしたとされる次の演説である。

「それゆえ私は、奥州国王の王国と王冠を国王陛下に奉献し友好と臣従を捧げよとの命令をうけており、奥州国王はこの強大な君主国と協定を結ぶことを希望されている」（アマティ「伊達政宗遣欧使節記」第二〇章『仙台市史』所収）

支倉の演説は、政宗がみずからの領土と位をスペイン国王に献上する意思があるかのような表現をとっている。この演説のあと支倉は、政宗親書を国王に奉呈した。だが日本語の政宗親書には、領内にキリスト教を勧めるための宣教師の派遣と通交の要請はあるが、政宗がスペイン国王の支配下に入り領土を献上するといった文言はない（『仙台市史』一四〇号）。

なぜ、こうした相違があるのだろうか。支倉が政宗親書の内容を越えた演説をした可能性もなくはないが、むしろ通訳のソテロが独断で付加した可能性が高い。政宗がローマ教皇やメキシコ副王、セビリア市などに宛てた親書をみると、ソテロが作成したスペイン語やラテン語の訳は、原文である和文の表現を大きく越え、誇張された表現が少なくないからである。

また、この演説に対するスペイン国王の答辞（同前）をみても、キリスト教の布教とキリスト教国の拡大を願うことが述べられ、キリスト教徒になるために使者を派遣してきた国王（政宗）を賞賛しているにすぎない。こうした対応関係からみると、「王国と王冠を国王陛下に奉献し」という言辞は、スペイン国王の側でもたんなる修辞として受けとめられたといってよい。政宗からのメッセージとして支倉が伝えようとしたのは、政宗領国でキリスト教を受容し、スペイン国王と友好関係を結びたいということであった。それをソテロが、前掲のような文言に修辞したと考えるのが妥当である。

「三〇万人のキリスト教徒」と政宗

日本との通商だけではなく宣教師の派遣も絶望的になった一六一八年二月、ソテロは最後の望みを託して、インディアス顧問会議議長とスペイン宰相レルマ公に宛てて政宗との友好を深めるよう、必死の嘆願をおこなった。その一節に、政宗がキリスト教徒になろうとしているのは、三〇万人を超える日本のキリスト教徒たちと手を結んで皇帝と対決し、みずから皇帝になるためだとする文言がある。レルマ公宛のものを引用しておこう。

「この領主政宗は、彼の家臣全員がキリスト教徒になること、そして彼自身もキリスト教徒になることを望んでいること、そしてそれは、現在日本には頭目がいないために引き離され、皇帝（秀忠）から迫害をうけている三〇万人以上の者たち（キリスト教徒たち）が全員政宗のもとに集結し、そして彼が彼らの援助を得て皇帝を倒して皇帝となり、一門の中で帝国を永続させようとするためだということです」（『仙台市史』三一八号）

ソテロはこの情報を、第二回航海のサン・ファン・バウティスタ号で一六一七年三月にメキシコに着いた政宗の家臣横沢将監から聞いたとして紹介している。

キリシタン武将も味方につけた豊臣方は一六一五年の大坂の陣で敗れ、後述するように同陣後には政宗も徳川将軍家から謀反の疑いをかけられて追いこまれた状態になっていた。このような状況で政宗が、キリスト教徒と連合して討幕の動きをすることは不可能だった。二度目の航海のためにサン・ファン・バウティスタ号が日本を発したのはそうした状況下であり、横沢もそのことは十分認識していたはずである。にもかかわらず、横沢がこうした話をソテロにしたとすれば、次の三つの理由が想定できる。

一つは、次章で紹介するが、横沢が日本を出帆する直前に、政宗謀反と政宗討伐の噂が流れていた。横沢はその帰趨《きすう》を見極めることなく日本を発った。したがって主君政宗が徳川将軍家と一戦を交えたかもしれないという不安感を航海中も抱いていただろう。それが現実のものとなったときには、キリスト教徒の支援をうけて戦ったのではないか。そうした思いが三〇万人のキリスト教徒との連携の話になった可能性はある。

二つ目は、横沢将監がキリスト教徒になったことと関係する。前述のように彼は、メキシコ到着直後に受洗していた。もし真の信仰によるものだとすれば、横沢の精神は、「政宗皇帝」を待望する日本国内のキリシタンたちと同様な状態にあったといってよいだろう。

三つ目は、絶望的になっていた通商交渉の起死回生をはかるための方便である。横沢と支倉がスペインと連携してオランダと対抗する姿勢をみせたために、フィリピン総督が仙台藩との通商に積極的になったように、キリシタンと連合して将軍を倒すという話は、スペインによる政宗支援を引き出すための効果的な情報だと考えたのかもしれない。

これらを聞いたソテロが、さらに潤色して伝えた可能性がある。

政宗外交の意義と限界

政宗が国際外交を展開することができたのは、日本がそれまでの東アジア世界の枠組みから解放されて、ヨーロッパ世界とつながったという前提条件があってのことである。物質文明という点では古代から、日本はシルクロードの東端に位置する存在として遠い地中海世界とつながっていた。だが政治的には一六世紀にいたるまで、とくに中国との関係に規定されながら、東アジアの秩序のなかで生きていた。その環が広くヨーロッパにまで開かれたのは、ポルトガルとスペインの海外進出を先鞭とする大航海時代からである。

この両国は、貿易と宗教をてこに政治支配を実現するデマルカシオン(世界領土分割)体制の構築をねらったが、それはまさにヨーロッパを世界各地と連接させる役割をはたした。貿易と布教、そして支配と従属の環が世界のあちこちに出現することになったのである。一六世紀の半ば、日本もその環に接触し、ヨーロッパ世界拡大の対象となった。日本をこの環に組み込もうとするさいも、大名や商人の求める貿易はキリスト教受容の条件となることが多かった。貿易を条件に布教権を確保しようとしたからである。

だが、この貿易と布教の分離をはかろうとしたのが秀吉であり、徳川政権であった。それに対して政宗は、貿易と布教を一体のものとして受け入れようとした。そのメッセージをスペイン国王やローマ教皇に伝えたのが、支倉常長を大使とする遣欧使節であった。だからこそスペイン国王は支倉の洗礼式に喜んで出席し、ローマでも盛大な入市式をもって歓迎したのである。それだけではなく、支倉に貴族の称号までも与えた。破格の待遇であった。デマルカシオン体制にお墨付きを与えていたローマ教皇からすれば、地球の裏側までキリスト教の勢威が及んだことに十分に満足したことだろう。

だが、スペインとローマには、その極東の果ての国から、キリスト教を排除するメッセージも届いていた。支倉と同じサン・ファン・バウティスタ号で帰国したビスカイノは、日本の皇帝（家康）が突如として禁教に踏みきったことを憤慨をもって報告した。在日中の宣教師たちからも、幕府がキリスト教の布教を禁止して教会を破壊し、宣教師や信徒たちを迫害しているという情報が届けられてきた。

つまりスペインとローマには日本から、政宗のキリスト教歓迎のメッセージと徳川の禁教メッセージが重なるようにして届いたのである。まるで相反する情報に、スペイン政府とローマ教皇庁は困惑した。「奥州王」政宗の要請に応えて宣教師は派遣するが、日本との貿易は見合わせる、という判断が下されたのはそのためであった。伊達領という小さな布教圏を認められるだけで、貿易という巨大な権益を政宗や徳川政権に与えるわけにはいかない、貿易がしたいのなら日本全国での布教権を認めよ、ということである。

支倉使節の派遣にあたって、政宗と家康は伊達領を布教特区とすることで貿易船の誘致ができるかもしれないと考えていた。幕府の禁教姿勢と政宗の容教姿勢とが折り合いをつけて、スペインとの交渉に臨む奇策だったといってよい。だが、丸ごとの日本支配を期待するスペイン政府やローマ教皇庁からすれば、とても受け入れられる提案ではなかった。だからといって、禁教メッセージを発する徳川政権とは異なる立場の支倉が、日本全国の布教を可能にするために帰国して努力する、といった発言をすることはできなかった。それが伊達大使としての支倉の限界だった。だからこそ苦悩を深めたのである。

支倉出発前に折り合いをつけたはずの伊達政宗の容教姿勢と徳川幕府の禁教姿勢は、ヨーロッパでその矛盾を露呈することになった。スペイン側には、どうしても貿易がしたい日本は、きっと妥協してくるに違いないという読みもあったのだろう。だが、このころにはオランダとイギリスが幕府の要路に食い込んでおり、スペインとの貿易にこだわらなくてもよい国際条件が出現していた。そのことが徳川幕府に禁教姿勢を強めさせることを可能にしたのであった。

支倉を派遣したあと、一六一五年の大坂の陣で徳川幕府は、ついに宿敵の豊臣家を滅ぼすことができた。徳川政権の安定に障害となる要素の除去が着々と進行していったが、じつは伊達政宗も、その不安要素とされていた。なぜなら、徳川政権が明白に打ち出した禁教姿勢に対して、政宗は容教姿勢をみせていたからである。しかも幕府がオランダ・イギリスとの関係を重視しようとしているのに対して、政宗はスペイン重視の姿勢を取り続けている。つまり、政宗は幕府の方針には必ずしも従わない存在だということになる。それは徳川政権にとって危険なことだった。

豊臣家と対抗するために家康は政宗と手を組んだ。それが政宗の言い分を認めた遣欧使節の派遣へとつながった。実際、大坂の陣で政宗は徳川方として戦った。豊臣家が滅亡すると、徳川将軍家の権力基盤はさらに固まった。もはや伊達政宗に配慮も遠慮もいらない力関係になったといってよい。そうすると何が起きるか。

大坂の陣が終結したあと、突如として「政宗謀反の噂」が飛び交うようになった。政宗の動きを探るための家康の仕掛けであった。国際外交路線の違いは、伊達家の存亡にかかわる問題へと転換し、将軍家と伊達政宗の緊張関係を一気に噴出させることになったのである。その息詰まる経緯を次章で確認しておきたい。

第六章　政宗謀反の噂と家康の情報戦

1　「仙台陣」の噂

徳川家康は禁教を指向し、伊達政宗はキリスト教を受容して貿易振興をはかろうとしていた。支倉常長の派遣では双方の思惑を両立させる仙台領のみの布教、という条件で折り合いをつけたが、根本的にめざす方向が異なっている以上、いずれは対立関係として表面化する可能性があった。大坂の陣が収束した翌年、奇妙な噂と動きが江戸や駿府でみられるようになった。

最大の難敵豊臣家を滅亡させたが、余命いくばくもないと悟った家康にとって、政宗は大いに気になる存在だった。自分亡きあとの徳川将軍権力を安定させるためにとった家康の動きは、家康の知謀と権力闘争のすごさを感じさせる。家康没後の秀忠の策略も、政宗の独自外交を強く牽制し、徳川外交の流れを決定的にした。しかも家康が仕掛けた政宗攻略は、これまで見過ごされてきた意外な歴史を浮かび上がらせるものだった。

「仙台陣」の動き

一六一六年二月二七日（元和二年一月一一日）、江戸にいた豊前国小倉《こくら》藩主細川忠興《ただおき》は、国元の息子忠利《ただとし》に次のように急報した。

「（前略）政宗之事、今に色々申し候、雑説とも誠とも知れ申さず候、内々に陣の用意然るべく候」（『大日本近世史料　細川家史料』一）

伊達政宗について真偽不明の種々の噂が出ているので、内々に出陣の用意をするようにという指示である。忠興は五日後の三月三日（同一月一六日）にも忠利に宛てて、政宗について色々な噂があるので武具や兵糧を購入するための資金を調達し、「陣」の用意をしておくように、と伝えている。三月二九日（同二月一二日）に忠興は、今度は駿府から忠利に宛てて、政宗のことはまだ分からないが、「陣」の用意を怠らないようにと、三度目の指示を出している。忠興は江戸から駿府へと動いているのだが、それは三月八日（同一月二一日）に家康が鷹狩りの最中に病に倒れ、その見舞いのために駿府に駆けつけていたからである。将軍秀忠をはじめ諸大名も、次々に駿府に見舞いに駆けつけていた。そうした状況で、政宗のことを理由に「陣」の用意を怠るなと注意していたのであった。

このように、和暦の一月中旬から二月中旬に出された細川忠興の手紙には、政宗の動向を注視しつつ戦《いくさ》備えを指示する文言があった。政宗に不穏な動きがあるということだろう。

じつはこれと同様の噂を書きとめた史料が、毛利家文書のなかにもあった。一六一六年三月二三日（元和二年二月六日）、毛利輝元《てるもと》が江戸の家臣に宛てた書状の一節である。

「奥州表御出陣之様、世上風聞に候、事実に候は其方より申し越すべくと存候てこれある事に候、具《つぶさ》に承りたく候」（『大日本史料　第十二編之二十四』）

将軍が奥州表（政宗）に対して出陣するという風聞がある、としている。こうした噂が毛利の国元である長州の萩《はぎ》にまで届いていたということだろう。それを気にかけた輝元が、事実かどうか具体的な情報を寄こすようにと江戸に指示をしたのであった。

以上紹介したように、細川はみずから陣立ての用意をし、毛利は将軍出陣の噂があると書きとめている。幕府サイドで政宗に対する何らかの動きがあったとみてよい。大名家文書を丹念に探せば、両家以外からも同様の史料が出てくるかもしれない。それにしても、いったい政宗に何が起きていたのだろうか。

政宗の名前が出てくる噂が、イギリス商館長リチャード・コックスの日記一六一六年二月二九日（元和二年一月二三日）条にもあった。

「（平戸在の）私は（京都在の）イーストン君に手紙を一通書いて、皇帝（家康）と、彼の息子で自分の義父マサモネ殿（政宗）の後だてをうけているカルサ様（松平忠輝）とのあいだに戦争が起こりそうだが、これは皇帝が彼の息子（忠輝）に大坂の城と領地を、たとえそれが手に入っても彼（皇帝）がそうしようと先に約束した通りにはこれを与えようとしないからだ、等々との報せが来たことを記し、私は彼に、もし戦争が起こりそうであるならば、彼が立退いて、現金を携え、もしそれが可能なら残品を現金に携えて戻って来るように、と差図した」（『イギリス商館長日記　訳文編之上』日本関係海外史料所収）

平戸にいるコックスが、京都に滞在中の同僚イーストンに伝えた情報である。この記事のポイントは家康と松平忠輝とのあいだに戦争が起きそうだ、ということにある。戦争の原因は、豊臣家を滅ぼしたあとに大坂を忠輝に与えるといっていた家康が、それを反故《ほご》にしたからだという。噂の信憑性はともかく、家康と忠輝の不和が人口に膾炙《かいしゃ》していたことを示している。

この噂ではとくに、「義父マサモネ（政宗）殿の後だてをうけているカルサ（上総）様」という文言に注意を払っておきたい。忠輝の正室は政宗の娘五郎八《いろは》姫であった。婿と舅《しゅうと》の関係をもつ政宗と忠輝が連合して家康と戦争をしそうだ、という噂であった。

この記事は和暦では一月二三日に書かれているから、時期的には細川や毛利が得た政宗「陣」と関連がある噂だといってよい。世間では、「忠輝と家康」との戦争、または「忠輝＋政宗」と「家康」とのあいだの戦争が起こるかもしれない、といった情報が流布していたのである。そうであれば、政宗と戦争をするための「陣立」の動きがあってもおかしくはない。

家康による「仙台陣」の指示

細川忠興は政宗の情報を得ると息子の忠利に「陣」の用意を命じ、毛利輝元は将軍による「奥州表御出陣」の情報を書きとめていた。イギリス商館長のリチャード・コックスも松平忠輝および政宗と家康とのあいだに戦争が起きそうだという情報を得ていた。それにしても、なぜこの時期に、こうした情報が世間に流布したのだろうか。

その事情を解明する手がかりが、「木村宇右衛門《うえもん》覚書」（『伊達政宗言行録』）にある。木村宇右衛門とは晩年の政宗に近侍した小姓であり、政宗が木村に対して折々に語った懐旧談をまとめたのがこの覚書であった。そのなかの一項に、一六三二年（寛永《かんえい》九）、二代将軍徳川秀忠が余命いくばくもない時期に、政宗を枕元に招いて語ったという言葉が収録されている。ここで語られたという秀忠の話を要約すると次のようになる。

・権現様（家康）が駿河にて病気の節、権現様がお手前（政宗）のことをしきりに悪しく言い、我（秀忠）に江戸に帰って仙台陣の心がけをすべしと命じられた。

・その用意の最中に、家康に指示された於勝《おかつ》（家康側室、英勝院《えいしょういん》）が、駿府から内々に御手前（政宗）に早馬を出した。それで御手前（政宗）がすぐに駿府に上る旨を我らも聞いた。いかにもだれかが（政宗のことを）悪し様に言ったので、（家康が政宗を）召されて仰せ聞くのだと思った。

・駿府に向かった政宗が江尻《えじり》に一両日休息したあと、駿府で家康公と御対面があり、存分に仰せを遂げられた（疑いを晴らした）。その上、我ら（秀忠）のこともその方（政宗）へ頼んだ。「天下穏やかに取り立て給え」という（家康の）末期の言葉を政宗が違《たが》えず、今日ただ今までその御志しをみせてくれたので天下の浪が静まって、三代将軍家光に代を譲ることができた。これもひとえに大御所様（家康）の御威光とともに、御手前（政宗）の当家への志しが深きゆえである。

・いまその前例に任せ、将軍（家光）のことを御手前へ万事頼んでおきたい。自分（秀忠）が亡くなったあとは、将軍に御手前（政宗）を親と思うように申し付けておく。御手前も将軍家光を子供と思い、物事遠慮なく意見を言い、天下につつがなきよう、頼みたい。

・またその方（政宗）も年をとったので、子供（二代藩主忠宗《ただむね》）のことは手ぬかりのないように直々に将軍に申しおくといわれ、名残惜しいと秀忠公が涙を流された。この話には二つの場面がある。一つは家康と政宗のこと、二つ目は秀忠と政宗のことである。

家康とのことは、どうやら誰かが政宗の悪口を家康に告げたことから、家康が政宗に疑心を抱き、そのために「仙台陣」の準備を命じたということのようである。この動きとは別に、家康は側室の於勝に内々に政宗へ書状を出すように命じた。於勝の産んだ家康の末子市姫《いちひめ》は政宗の嫡男虎菊丸《とらきくまる》（のちの二代藩主忠宗）と婚約するが、市姫は四歳で夭折《ようせつ》したという。子供どうしが婚約したのであるから、その後も両者は懇意な関係にあったのだろう。だからこそ家康は於勝をとおして駿府へ来ることを求め、それへの対応をみて政宗の真意をはかろうとしたのであった。外には政宗討伐のための出陣の動きをみせるが、内々には懐柔の手を打っていたということである。硬軟両様を使った政宗対策だったといってよい。

二つ目の秀忠と政宗のことについては、疑心を解いた家康が政宗を信頼して後事を託したという話である。これについては後述する。しかし、それにしても政宗はなにが原因で家康の疑心をかったのだろうか。

病床の家康との対面

家康が倒れたのは一六一六年三月八日（元和二年一月二一日）であるから、見舞いに駆けつけた秀忠に、江戸に帰って「仙台陣」の用意をすべしと命じたのは、それより以後のことになる。一方、政宗の動きを追ってみると、幕府の正史である『徳川実紀』（第二篇）の元和二年二月二二日（西暦四月八日）条に、政宗が駿府に着いて家康を見舞ったという記事がある。伊達家正史の『伊達治家記録』には、二月一〇日に仙台を出発し、二二日に駿府に着いたと記されているので、政宗の駿府上りについては一致している。

「木村宇右衛門覚書」には、この駿府上りについての政宗自身による懐旧談も記されている。秀忠の語りと比較する素材であるとともに、政宗謀反の噂に関する根本史料なので、政宗が語った内容を箇条書きにして紹介しておこう（『伊達政宗言行録』）。

・家康公ご不例（病気）により我らも上ろうとしたら、将軍秀忠公が江戸に帰り、仙台陣の用意をしているという情報が次々に入ってきた。一門衆を集めて江戸からの情報を伝えたが、何ゆえ天下の御馬をうける（攻められる）のか、理由がわからない。一度はその理由をお尋ねしないわけにはいかない。身に覚えのないことも申し上げたい。とはいえ、内々に評定《ひょうじょう》を調えておくことは尤《もっと》ものことだ。

・天下勢（幕府軍）に城を攻められては勝つ見込みがない。国境の駒ヶ嶺《こまがみね》と新地《しんち》の守りを固め、それが破られたら阿武隈川《あぶくまがわ》を防衛戦とすべし。阿武隈川を堰《せ》き止めて水浸しにすれば幕府軍も越えられない。米沢筋や最上《もがみ》筋も守りを固めよ。武運つたなく敗れたとしても城を枕に討ち死にしてはならない。残る人数を引き連れて石巻《いしのまき》に引き込むべし。北上川《きたかみがわ》を前に戦えば、上方勢は思いもよらぬ長陣を余儀なくされるだろう。

・こうした評定をしているところに、駿河の於勝から早馬で文が届いた。いっときも早く上って家康公と御対面しないと、時日がたつほどに御為《おんため》に悪しきなり、とあった。皆々に意見を聞いたところ、女の文に糺《ただ》されて上るなど御運も末のこと、とどまりたまえ、と一同がいった。

・一両日思案したが、身に覚えがないことなので、とにかく上ってみないわけにはいかない。もし我が身（政宗）の運が尽きて江戸か駿河でどうにかなったならば、城を枕に跡はまかせたと、百四五十人にて馳《は》せ上った。江戸の町ではここもかしこも陣立ての用意がされていた。

・江尻に着いて於勝に使者を立て、ただ今参着、お指図次第に駿河に参るべしと伝えたところ、家康公より、思った通りだ、明日御対面あるべしとの仰せがあったと、於勝から返事があった。

・明くる日、駿府城に登ると、すぐに寝間に召された。障子の外で脇差を抜いて入らんとすれば、家康公がそれを御覧になって、脇差を気にするほどならば呼び参らせたりはしない、そのまま入りたまえといわれた。

・久しくお会いしていなかったが、思いの外に家康公の病気が重く弱っていた。しかし二、三日は落ち着いているといわれた。

・私が申し上げるに、御病気のことを聞いて馳せ上ろうと考えていたところに、秀忠公が仙台まで御出陣の御用意と承った。毛頭覚えのないことだが、お尋ねするのも憚《はばか》ってお見舞いも遅くなった。そこへ於勝を通じて仰せがあったので喜んで馳せ参った。

・ただ今は御養生が肝要と申し上げれば、（家康公は）そなたのことについて讒人《ざんにん》があり、このままでは天下の大事になるとしきりにいうので、将軍は江戸に帰られ、仙台陣の用意を専らにした。

・つらつら案じるに、それは誠ではないと考え、於勝を通じて密かに（政宗に）伝えさせた。もし怪しみ（謀反の意思）があれば上ってこないだろう。よもや双葉のような馴染みを忘れることはないだろうと思っていたが、その通りに馳せ上ってこられた。私（家康）の思った通りだ、と仰せられた。

ここまでは、政宗が駿府に駆けつけるまでのいきさつである。

政宗も家康が病に倒れたという情報を得て見舞いに参じようとしたが、それと重なるように、江戸から次々と将軍秀忠が仙台攻撃の準備をしているとの情報が伝えられた。しかも政宗が駿府に馳せ上るために江戸に入ったさい、市中ではたしかに「陣立」の用意がされていたという。

政宗のための「陣立」の話については、前述のように細川家や毛利家の史料でも確認できる。したがって、江戸から「仙台陣」の情報が次々に届いたという部分には根拠がある。ということは「木村宇右衛門覚書」にある政宗の懐旧談には、相当の信憑性があるといってよい。これまで顧みられることのなかったこの記事から、家康と政宗の鬼気迫るつばぜりあいの様子を復元しておきたい。

伊達家を救った決断

なぜ攻められるのか。身に覚えのないこととはいえ、国境の守りは固めなければならない。二か条目で防衛態勢が語られているのはそのためであった。しかも、身の潔白を証明するために駿府には上らなければならない、と政宗は苦悶《くもん》する。

家康の指示をうけて於勝から届いた早文には、遅くなればなるほど御為にならず、早く上り来たれとあった。だが於勝の書状に、家臣たちが女の文に促されて上るのは運の末、と反対したというのは面白い。たしかに家臣たちがいうように、このこと駿府に上れば、政宗の謀反を疑っている家康は政宗を殺すかもしれない。そうなるよりは、幕府軍と戦うべきだというのも、ありうる判断の一つである。戦うことが日常であった当時においては、不当な言いがかりをつけられた家の名誉を守り、武士の矜持《きょうじ》を保つための選択でもある。しかし一方で、幕府軍を相手に戦っても勝ち目はないという判断が政宗にはあった。名誉を守って家を滅ぼすか、それとも駿府に上って弁明するか、ここが悩みどころだった。家臣の多くは、家を滅ぼしても戦う、ということだった。

だが思案の末に政宗は、止める家臣の手を振り払って駿府に向かった。孤独の決断だっただろうし、屈辱の思いだっただろう。家康は、政宗が来なければ謀反の意思ありと考えていたので、もし政宗が家中の意見に与《くみ》して出府を見合わせていれば、「仙台陣」は現実のものになったということになる。もしこの判断を誤っていたら、伊達家は存続できなかっただろう。結果は吉と出た。この判断があったからこそ、伊達家は潰されずに幕末まで続き、徳川将軍家がもっとも信頼する大名として遇せられることになった。このあたりにも、ピンチをすり抜ける政宗の判断力の秀逸さがあらわれている。

松平忠輝による讒言

「木村宇右衛門覚書」に記された政宗の言葉を、さらに追ってみよう。

・（政宗が）そうでしたか。誰がどのようなことを言ったのでしょうかと申し上げれば、（家康は）このように上ってこられた以上は隠すこともない。そなたの子（婿）でもあり我が子でもある上総介（松平忠輝）が、しきりに言ってきたと仰せられた。それは何ごとを申し上げたのですかと（政宗が）尋ねた。

自分のことを讒言《ざんげん》したのは、いったい誰でしょうか、と政宗が聞くと家康は、それは政宗の女婿である松平忠輝だ、といったのである。何をいったのでしょうか？　と聞いた政宗に、家康は驚くような話をした。

・先年の大坂の陣の際に、（忠輝が）人数を繰り出して（家康の）御用に立ちたいと思っていたが、政宗が（豊臣）秀頼と心を合わせて、いたずらに酒盛りをして日を暮らし、我ら（忠輝の軍）の進むのを妨げた。大坂方が弱くなるにつれて、（政宗は）やむなく人並みにご奉公をしているふりをした。このたびの御不例（病気）を幸いに天下を奪おうとしている、など様々なことだ、といわれた。

政宗がいたずらに酒盛りをして、「我ら（忠輝の軍）の進むのを妨げた」という文言には説明が必要だろう。じつは忠輝は大坂の陣で起こした不祥事のために、家康の勘気をこうむっていた。大坂に向けて進軍した忠輝の軍列を近江《おうみ》国守山《もりやま》で将軍秀忠直属の旗本軍が追い越したため、非礼だとして忠輝の家臣が旗本二人を斬《き》り殺す事件が発生した。ところが忠輝はこれを将軍に報告せず、しかも遅参してしまった。これに激怒した家康は大坂の陣が終結した直後の一六一五年一一月（元和元年九月）、忠輝に蟄居《ちっきょ》を命じている。『徳川実紀』によれば、家康の勘気をこうむった忠輝は国元の越後《えちご》から謝罪を入れたが許されず、家康の側室阿茶《あちゃ》の局《つぼね》らも詫《わ》びを入れたが、家康は聞く耳をもたなかったとある。

なぜ家康は将軍秀忠に「仙台陣」の用意を命じたのか。それは政宗の謀反を疑ったからだが、その疑いをもたらしたのは家康の六男である松平忠輝の讒言によるものであった。家康が明かした思いもかけない事実に、政宗は大きな衝撃をうけた。家康によると、忠輝は大坂の陣における遅参の理由として、豊臣方と内通した政宗から進路を妨害されたためだと弁明した。しかも、家康が病に倒れたのをこれ幸いと天下を奪おうとしている、とまで言ったという。これを聞いた政宗が、「これは言語道断、上総介（忠輝）は乱心いたされたか」と憤激したのは当然だった。

とはいえ、政宗が豊臣方から誘いをうけていたのは事実である。これは政宗が家康に語ったことだが、豊臣秀頼の家臣である和久宗是《わくそうぜ》の子の宗友《そうゆう》が政宗に豊臣秀頼の直書を届けたことがあった。和久宗是は豊臣秀吉の側近として政宗と秀吉のあいだを取り持ったため、秀吉没後の一六一二年（慶長一七）に政宗は宗是を二〇〇〇石で仙台に招いた。だが一六一四年（同一九）大坂冬の陣のさい、豊臣家の恩沢に応えるため宗是は大坂に戻り、翌一六一五年

（元和元）六月の夏の陣で戦死した。宗是の子である宗友も豊臣秀頼に仕えていたが、政宗と宗是のこうした間柄を頼んで秀頼は、冬の陣が勃発《ぼっぱつ》する直前に宗友を政宗のもとに派遣し、「天下分け目のこのとき頼み申す」と要請してきたという（『伊達治家記録』三）。もちろん政宗は断った。

また、政宗がゆるゆると行軍して忠輝の進路を妨害したという主張について政宗は、人数を揃《そろ》えるために所々で待ち合わせをしたのだと述べている。「しかるに忠輝は遅参して大坂方と手合いをしなかっただけではなく、いわれなき讒言をするとはなにごとか」と憤慨した。実際、政宗は大坂城を攻めた道明寺《どうみょうじ》口の戦いで戦功をあげている。その功績として冬の陣のあと、政宗の長男秀宗《ひでむね》が伊予《いよ》国宇和島《うわじま》に一〇万石が与えられたほどだった。それを戦う意欲がなかったといわれたのだから、怒るのは当然だろう。

忠輝が家康の勘気を解くために、みずからの不始末を政宗のせいにしたことについて家康は、次のように述べている。あの不覚悟者（忠輝）は遅参しただけではなく人を謗《そし》った、今後は（政宗の）子供（婿）と思うな、我らも子とは思わぬ、将軍（秀忠）へも兄弟と思わぬように申しおく、天下に悪事をするこの者は必ず押し込めておく、と。激しい怒りがみてとれる。

家康は忠輝の政宗告発に大いに動揺した。だからこそ将軍秀忠に「仙台陣」の用意を命じたのであった。ただ政宗に対する信頼を捨てきれなかったようでもある。側室の於勝を通じて政宗に早馬を走らせ、早く駿府に上り来るよう求めさせたからである。駿府に駆けつけた政宗を迎えて家康は、もし謀反の意思があれば上ってこないだろう、思った通りに馳せ参じてくれた、と大いに喜んだという。

家康、政宗に後事を託す

家臣が止めるのを聞かず駿府に上ったことを家康は忠義の証《あかし》と受けとめ、政宗に謀反の意思なしと判断した。のみならずこの一件は、かえって家康に政宗への信頼を強めさせた。政宗は毎日のように見舞いのために駿府城に登城したとある。死期の近い寝所で家康は、将軍秀忠が天下を保つことができるかどうかは、ひとえにそなたにかかっている、将軍のことをよろしく、と頼んだという。政宗が木村宇右衛門に語ったこの話は、伊達家の正史である『伊達治家記録』三の元和二年四月条にも記されており、徳川家の正史『徳川実紀』(第二篇) 元和二年三月条にも、家康が亡くなる前のこととして、ほぼ同様のことが記されている。こちらを引用しておく。

「このほど松平陸奥守政宗、日々まうのぼり、御けしき(気色)うかゞひ奉りしに、或日御病床御蒲団《ふとん》の上まで召れて、いまよりのちいよいよ将軍家の御事頼み思召むね仰事あり。御形見のためとて、清拙《せいせつ》の墨蹟《ぼくせき》を給ひしかば、政宗感謝にたえず、落涙して御前をまかで兼ねしとなり」

これをみるかぎり、「木村宇右衛門覚書」にある政宗の一連の話は真実だったとみてよい。

かくして政宗は、家康お墨付きのもと、二代将軍秀忠の後見人的立場となった。ところが後年、政宗よりも早く黄泉《よみ》に旅立つことになった秀忠もまた、その末期にあたり政宗を枕元に招いた。「木村宇右衛門覚書」によると、ある日、老中酒井雅楽頭《さかいうたのかみ》（忠世《ただよ》）に呼び出されたために出向くと、秀忠の寝所に案内されたという。そこでかつての「仙台陣」のことを告白されたというのが、本節冒頭で紹介した内容である。また秀忠は、天下の浪風が静まったのは権現様（家康）の頼みを守ってくれた御手前のおかげだと感謝し、三代将軍家光のことを涙ながらに託したという。徳川将軍家三代にわたる政宗との因縁の深さを物語るものだといえる。

大久保長安討幕陰謀説

伊達政宗が絡んだ討幕陰謀説については、これまでも、前述したスペインとの軍事同盟説や、政宗の女婿である松平忠輝を盟主に幕府代官の大久保長安《おおくぼながやす》らと組んで討幕をはかろうとしたとする陰謀説などが、明治時代から現在にいたるまで折に触れて唱えられてきた。このうち慶長遣欧使節をめぐる軍事同盟説については、史料解釈に難があって成り立たないことを第五章の3で論じた。ここでは大久保長安陰謀事件と政宗の関係を検討しておきたい。

大久保長安陰謀事件というのは、一六一三年(慶長一八)の長安の死後、屋敷からおびただしい金銀財宝のほか、異国と連携して幕府転覆をはかる連判状が発見されたというものである。この連判状は残されていないが、一説によれば、松平忠輝を盟主として長安は関白となり、小田原城主大久保忠隣《ただちか》、松本深志《ふかし》城主石川康長《やすなが》、安房《あわ》国館山《たてやま》城主里見《さとみ》忠義《ただよし》らが一味となって幕府転覆をはかる計画があったという。これを理由に長安の一族や関係者は大量に処分されている。村上直氏はこれを、家康側近の本多正信《まさのぶ》らがライバルである大久保忠隣追い落としのために、忠隣の家人である長安の不正蓄財などを告発したのではないかとみなしている(村上直、一九九七)。実際、大久保忠隣も直後に失脚した。また『国史大辞典』(吉川弘文館)の「大久保長安」の項目でも所三男氏が事件の真相は不明とし、長安の生前における権勢と巨大な資産に対する反発が厳しい処分を生んだのではないかとみている。

『徳川実紀』では長安の死後、「長安が数年の贓罪《ぞうざい》あらはれ、国々に令してその贓貨《ぞうか》を査検せしめらる。よて長安が属吏等を彦坂《ひこさか》九兵衛光正《みつまさ》に命じ獄に下さる」(第一篇)とある。吟味の結果、長安が隠匿していた金銀は五〇〇〇貫目にのぼったというから、長安死後に不正蓄財が暴かれたということは間違いがないようだ。

一方、同書には、長安の寝所の下の石室から発見された文書箱に、朝鮮に財宝を贈っていたことを示す文書と、「大不敬の事共」を示す文書があったとも記している。「連座の諸大名も多くあり」というのは、「大不敬」に関係した大名の名前も多く出てきたということであろう。この「大不敬」に関する文書というのが、先の一味連判状であるかのようにみえるが、『徳川実紀』の編者は「誠にや」と疑いの目を向けている。『徳川実紀』編纂段階ではすでに伝聞記録しか残っておらず、陰謀事件の真相は不明だったということである。

政宗が長安陰謀事件に関与したというのは後世の伝聞記録にある一説なのだが、幕府転覆という陰謀の存在自体が疑われているのだから、政宗がそれに関与したというのも確たる根拠があるわけではない。同じく忠輝の陰謀加担説も根拠はないが、長安は松平忠輝の付家老であり、忠輝の岳父が伊達政宗であったことから、三者の親密さに好奇の目が向けられ、三者連携による討幕陰謀説が語られはじめたということは考えられる。とくに忠輝は、長安が没したあと、大坂の陣の不始末の責任を問われて家康から勘当され、兄の将軍秀忠は忠輝を改易・配流に処した。また、同じ時期に政宗も謀反の疑いをかけられている。こうしたことが交じり合って、後世に忠輝盟主説や政宗加担説の尾鰭《おひれ》がついた可能性も考えられる。

もし忠輝と政宗が本当に長安と連携して討幕計画をめぐらしていたとすれば、忠輝は家康に対して、政宗に謀反の意思あり、と訴えることはできなかったのではないだろうか。なぜなら、もし訴えた場合、謀反の疑いがみずからに跳ね返ってくる危険が高いからである。したがって政宗が豊臣方と内通していると忠輝が讒言したことは、かえって両者のあいだに討幕計画の連携構想が存在していなかったことの傍証となるように思われる。

忠輝の排除

忠輝の讒言に発した政宗謀反への疑いに対して、政宗は駿府に馳せ上って忠誠を誓い、家康の疑念を晴らすことができた。それだけではなく、信頼を勝ち得た政宗は、二代将軍の後見人的な立場となることまで家康に託されたのであった。政宗はそうした家康の厚情に感涙を催しているが、一連の経過をみていると、家康は忠輝による不始末や讒言を巧みに利用して、政権の不安要因であった忠輝の排除を断行するとともに、政宗を徳川家を守る存在である藩屏《はんぺい》としてみごとに取り込んだともいうことができる。

「木村宇右衛門覚書」によると、大坂の陣に遅参しただけではなく、政宗まで誘った忠輝に対して家康の怒りはすさまじい。親子兄弟の縁を切るとまで断言しているが、ここで注目しておきたいのは、天下を妨げ悪事をするこの者は必ず「押し込め」をすべし、としていることである。忠輝の政治生命を完全に断つことを考えていたのであった。これとほぼ同様の記事が『徳川実紀』元和二年三月五日条にもみえる。

それによると、家康の容態が悪化の一途をたどるのをみて、側室の阿茶局はなんとか赦免を得ようと懇請した。だが、家康は肯《がえ》んじなかった。忠輝にはそれなりの気骨があると思って期待していたが大坂の陣ではヘマをやり、しかも将軍の家来を誅《ちゅう》したことを報告しなかった、我（家康）が生きているときでさえ、このような無礼な振る舞いを将軍に対してするのだから、我が死んだあとは何をしでかすか心配だ、と述べたという。家康亡きあと、将軍（秀忠）と忠輝の対立を心配していたのである。兄の将軍をすらないがしろにする忠輝をみて、自分の死後には必ず内紛が起きると考えたのであった。

徳川将軍家存続のため、存命中に必死の思いで豊臣家を滅亡させたのに、自分が死んだあと兄弟間に権力闘争が起きたのでは、すべての苦労も灰燼《かいじん》に帰すことになってしまう。なんとしてもそれだけは避けなければならない、というのが家康の思いであった。家康に勘当されていた忠輝に対して、兄の秀忠は家康没後、改易を命じ伊勢の朝熊《あさま》に配流した。これも家康の遺命であったと『徳川実紀』は伝えている。

家康が仕掛けた情報戦

その忠輝が、豊臣方と通じているとして政宗を讒言した。その讒言はいつおこなわれたのだろうか。豊臣家が滅亡した大坂夏の陣は、一六一五年六月（慶長二〇年五月）に終わった。

『徳川実紀』によると、家康は家臣の松平勝隆《かつたか》を越後高田の松平忠輝のもとに派遣して、大坂の陣遅参の不始末を責め、以後対面を許さずと事実上の勘当を通告している。松平勝隆が同年一一月一日（元和元年九月一〇日）に駿府に戻って忠輝の陳謝の様子を報告すると、家康は「御気色いよいよよろしからず」と、ますます不機嫌になったという。このときに遅参の理由を政宗のせいにしたのだろうか。素直に謝らず、殊勝ではない態度をみせたのかもしれない。それが家康をますます不快にさせた可能性はある。『徳川実紀』にはその後も忠輝は書状で家康に詫びを入れたとあるから、あるいは讒言はそのときのことだろうか。

ただ、「木村宇右衛門覚書」によると、忠輝は、家康が病に倒れたのを幸いに政宗が天下を奪おうとしている、といったとある。とすれば政宗の野望を讒訴したのは、家康の具合が悪くなった翌年二月のことになる。こうした経緯をみると、忠輝による讒訴の時期を確定できないが、忠輝の不始末に関する弁明がたび重なるなかで政宗のことが讒言されだしたということかもしれない。

政宗は大坂夏の陣が終結した年の一六一五年八月（慶長二〇年閏六月）、京都において大坂軍功の賞として正四位下に叙せられ、参議に昇進した。九月末に京都から江戸に向かい、一〇月二七日（元和元年九月五日）には仙台に帰着している。その後、忠輝が家康から勘当されたことを知った政宗は心配して忠輝に書状を遣わしたようだが、一一月二一日（同一〇月一日）に忠輝から政宗に返書が届いている。そこには、まだ家康にお目見えしていないが、「御気遣いなされまじく候」と記してあった（『伊達治家記録』三）。もしその前の段階で忠輝が讒言していたとすれば、政宗はそのことを知らずに忠輝の身を案じ、忠輝は何事もなかったかのように返事をしていたということになる。

ところで細川家や毛利家史料で確認できる「仙台陣」の情報は、幕府サイドの動きを反映したものである。それが忠輝による政宗謀反の情報によって発生した動きだということも、これまでみてきた経緯からほぼ確実だろう。細川忠興が「内々陣用意」を指示したのは、翌一六一六年二月二七日（元和二年一月一一日）であった。では忠興は、いったいいつ「仙台陣」の動きをキャッチしたのだろうか。

そこでいま、『徳川実紀』から細川忠興の動きを追ってみると、元和元年一二月二四日（一六一六年二月一一日）、忠興は駿府で家康に拝謁し、大坂の陣における戦功を賞されている。同年一二月二九日（二月一六日）には江戸で将軍秀忠に拝謁し、正月二日（二月一八日）には諸大名とともに大広間で将軍への年賀の儀に参列していた。こうした動きのなかで忠興は、政宗に関する不穏な情報を入手したのではないだろうか。イギリス商館長のリチャード・コックスが平戸から忠輝と家康との戦争の噂を発信したのは和暦の一月二三日であるから、彼のもとに江戸から情報が発せられたのは一月上旬あたりのことになる。ということは、一月上旬には江戸市中に「仙台陣」の噂が流れはじめていたとみてよい。

こうした情報を流したのは誰か。当然のことだが、忠輝讒言の情報をもつ家康か秀忠、あるいは幕府関係者であろう。家康は自分亡きあとの憂いを断つために、秀忠と対立する可能性のある忠輝を大坂の陣の不始末を理由に一気に排除した。だが、その忠輝による政宗謀反の告発についても真偽を確認する必要に迫られたはずである。どうやってそれを確かめるか。それが政宗謀反の噂を流し、政宗の反応をうかがうことだったのではないだろうか。細川忠興や毛利輝元らが和暦の一月から二月にかけて、政宗と幕府の動向を注視したのは、そのためであろう。

「木村宇右衛門覚書」にもあったように、政宗のもとにも江戸から「仙台陣」の情報が次々に寄せられていた。そこに家康側室於勝から、急ぎ上り来たれよという早文が届いたのであるから、政宗としては踏み絵を迫られる状況になった。謀反の疑いをかけられた政宗は、駿府に急行して家康に忠誠を誓うしかなかったのである。家康から忠輝による讒言を聞かされた政宗は、忠輝と絶縁した。これまで忠輝が改易されたために、やむをえず五郎八姫は離縁して仙台に戻ったとされてきたが、こうしたいきさつをみれば、忠輝の讒言と裏切りに怒って政宗は五郎八姫を離縁させたとみてよいだろう。

忠輝の言動に端を発した一件を巧みに利用して、家康はまず忠輝を排除して徳川家の内紛の要素を摘み取った。さらに讒言を口実に、改めて政宗に徳川家への忠誠を誓わせることに成功した。政宗はみごとに封じ込められたといってよい。

2　二回目の謀反の噂

宣教師をめぐる噂

不思議なことに、一六一六年六月一日（元和二年四月一七日）に徳川家康が没したあとの八月から九月にかけて、再び伊達政宗に対する噂が流れている。イギリス商館長のリチャード・コックスが、上府のために東海道岡崎《おかざき》宿に宿泊していたときの記事である。

「当地（岡崎）で我々はこんな知らせをうけた。すなわちカルサ様（忠輝）が彼の父（家康）と兄（秀忠）に反抗して彼等を滅ぼして彼の敵フィディア（秀頼）様を擁立しようとする謀反の罪に問われて自分の腹を切ったこと、事態は彼の義父マサモネ殿（政宗）にとって困難なことなるものと考えられており、またイエズス会士やその他のパードレたちが、子供たちを親たちに、臣下の人々を彼等の生来の君主たちに叛《そむ》かせるように扇動して、この事態すべての火付け役、教唆者をしている、という噂が広まっていること、等々」（『イギリス商館長日記』一六一六年八月一八日）

この記事には当時、世間に流布していた噂がいくつも書きとめられている。忠輝が豊臣秀頼と内通したために将軍から処分されたという噂、忠輝処分に連動して政宗も窮地に陥っているとの噂、宣教師たちが謀反を扇動して国内を混乱させようとしている噂、である。

大坂の陣直後の忠輝処分は、世間には豊臣方との内通のためと疑われていたようだ。忠輝と政宗の舅・婿の関係も周知のことであったし、この年の始めには江戸で「政宗陣」の噂まで出回っていたのだから、政宗が忠輝処分に連座する可能性もささやかれていたのだろう。

こうした一連の動きの背後には宣教師たちの画策があるという噂も真実味があった。実際のところ豊臣方にはキリシタン大名やキリシタン武士が集結していたし、政宗も支倉常長をスペイン・ローマに遣わして宣教師の派遣を要請していたからである。ここには、「豊臣方―忠輝―政宗―キリスト教」の連関による噂の発生がみてとれる。

秀忠による政宗討伐の噂

リチャード・コックスはその二日後、東海道掛川《かけがわ》宿で駕籠《かご》に乗せられて西に向かう忠輝の一行に出会った。忠輝は配流先で切腹させられるのだろうとあるが、もう一つ、見過ごすことのできない記事があった。

「(前略) 皇帝が目下、マサモノ (政宗) 殿を討つための兵力を準備しつつあるとの噂も

ある」（同前、一六一六年八月二〇日）

将軍秀忠が政宗討伐軍の準備を開始しているという噂であった。忠輝処分に連動した将軍側の動きとして流布していたのであろう。同年一〇月九日（元和二年八月二九日）の、細川忠興から細川忠利に宛てた書状にも次のようにあった。

「一、江戸町人、政宗へ御陣立と申候由候、可為雑説候事」（『大日本近世史料　細川家史料』）

「雑説」とはいうものの、江戸で政宗に対する「御陣立」の噂が広く流れていたというのである。政宗は徳川家に忠節を誓い、家康は政宗に後事を託すほどの信頼関係を得ていたはずである。にもかかわらず、なぜ家康没後すぐに二度目の「御陣立」の噂が立ったのだろうか。おそらくそれは、家康亡きあとの将軍秀忠と政宗との関係が投影されているのではないかと思われる。

秀忠は一六一六年九月一八日（元和二年八月八日）、キリスト教禁令の励行と、明国船以外の入港を平戸と長崎に限ることを諸大名に通達した。このキリスト教の問題に関連してイギリス商館長のリチャード・コックスは、一六一六年九月一一日（元和二年八月一日）条に次のような記事を残している。

「皇帝（将軍秀忠）はすべてのキリスト教徒を日本から追放する意図を有していると考

えられる。（中略）皇帝のイエズス会士及び他の修道士たちに対する憎悪は非常に大きいからである」（『イギリス商館長日記』）

家康の段階では禁教と貿易のあいだにブレがみられたが、秀忠段階になると禁教方針を明確にし、カトリック国との貿易を断念する方向性が顕著にあらわれてきた。サン・ファン・バウティスタ号が二回目のメキシコ航海に出帆したのは、一六一六年九月三〇日であった。ちょうどそのような時期に政宗に対する「御陣立」の噂が流れている。したがって、二回目の政宗謀反の噂は、遣欧使節派遣問題に関連しているとみなしてよいだろう。

家康が使節派遣を容認した理由

支倉常長が牡鹿《おしか》半島の月浦《つきのうら》をサン・ファン・バウティスタ号で出帆したのは、一六一三年（慶長一八）のことである。同号はメキシコで支倉一行を降ろしたあと、マニラ経由で日本に戻っていたのだが、一六一六年九月（元和二年八月）、そのサン・ファン・バウティスタ号が支倉常長を迎えに行くために、再びメキシコに出帆していった。

そこで、この第二回目の出航がもつ意味を明確にするために、サン・ファン・バウティスタ号が最初に出帆したときの政宗と家康のそれぞれの思惑を、改めて整理しておきたい。

政宗は、仙台・メキシコ間の太平洋貿易の実現をはかろうとしていた。一方、メキシコを植民地としていたスペイン側は、貿易に応じる条件として日本におけるキリスト教布教の保障を強く求めていた。そのため政宗は、仙台領内の布教を容認し宣教師の派遣も要請して、スペインとの貿易交渉を成功させたいと考えていた。

これに対して家康は、すでに幕府領におけるキリスト教取締りに着手していたが、一方ではスペインの植民地であるフィリピンやメキシコとの通商にもまだ期待を抱いていた。政宗による使節派遣と宣教師の招請を家康が容認したのは、それなくしては貿易が実現しないからだが、この交渉によってもし仙台・メキシコ間の貿易が実現した場合、江戸湾にもメキシコ船（スペイン船）を誘致することが可能になるからである。

禁教令については、幕府の意向を受け入れて取締りに着手した藩もあれば、政宗以外にも布教を黙認し続けた大名が存在するなど、一六一三年段階はまだ全国化していない状況であった。だからこそ家康は、伊達領における布教を容認することが可能であった。しかも貿易船が江戸湾に入港するだけであれば、禁教令と矛盾するわけではない。これまでもしばしば、禁教令と政宗の使節派遣や宣教師招請は相入れないとされてきたが、決して矛盾も対立もしてはいなかったのである。

家康が使節派遣を容認した理由として、この段階ではまだ大坂に豊臣家が存在し、徳川政権の基盤が安定していたわけではなかったことも大きい。仮に政宗が豊臣方と連携すれば江戸は大坂と仙台に挟まれることになり、徳川家にとっては重大な危機となる。政宗の離反を防ぐためには政宗の要望を入れざるをえないという、家康と政宗の政治的な関係があったことも重視しておきたい。

秀忠の疑心

ところが、二代将軍秀忠と政宗との関係は異なった。家康に忠誠を誓ったとはいえ、家康も配慮せざるをえない政宗の存在感は、秀忠にとってかなり大きかったのではないだろうか。第二回目のサン・ファン・バウティスタ号出帆は朱印状をもらっていたので幕府公認であることに間違いはないが、スペインを嫌悪し禁教姿勢を強める秀忠にとっては不快なことだったと思われる。ましてや家康が容認していたとはいえ、政宗による宣教師招請は、禁教令に反する行為だとして秀忠の不信感を増幅させた可能性が高い。

秀忠がスペインへの不信感を増幅させたのは、禁教令にもかかわらず宣教師の来日が続いていたことに加え、イギリスやオランダがスペインの侵略性を幕府にしきりとアピールして貿易の主導権を握ろうとしていたことも関係していると思われる。たとえばイギリス商館長のリチャード・コックスは、一六一六年九月一一日(元和二年八月一日)に上府して将軍に拝謁しているが、その前後には幾人もの幕府関係者に会っている。九月一七日(同八月七日）には、秀忠の側近土井利勝《どいとしかつ》の家臣に対して、カトリックの宣教師たちがイギリスで国王の殺害をはかったり信徒を扇動して反乱を起こさせたりしたので、こうしたことを日本でさせないよう皇帝（将軍）に助言をしたほうがいいと忠告している（『イギリス商館長日記』）。それだけではなく、幕府船奉行の向井将監に会ったさい、将軍がどこか征服したいのならフィリピンがよいとまで勧めている。マニラはスペインのアジア拠点であったから、そこを日本が叩いてくれればイギリスにとっては願ってもないことだった。

またスペインの歴史家フアン・ヒル氏は、伊達政宗の遣欧使節を扱った『イダルゴとサムライ』のなかで、リチャード・コックスが将軍（秀忠）に対して、スペイン国王は家康が死んだと聞けば人を送って寄こし、キリシタン大名が蜂起すればそれを支援するだろうと忠告した、と指摘している。

こうしたスペインに対する警戒情報は、コックスだけではなく、家康の外交顧問とも称されたイギリス人のウィリアム・アダムス（日本名、三浦按針）やオランダ人からも、しばしばなされていた。そのため秀忠がスペインによる日本征服への疑心をいっそう強めていった可能性は高い。

ところで秀忠による政宗討伐の噂は、八月中旬には確認できる。リチャード・コックスが将軍や幕閣に接触したのは九月上旬から中旬にかけてだから、コックスの忠告を契機に政宗討伐の噂が流れ出たわけではない。しかし右にみたような激しい情報戦のなかでの、サン・ファン・バウティスタ号の二回目の出帆であった。政宗討伐の噂は同号が出帆する前後の期間に集中的に流れていたとみなすことができる。

噂の背景

以上のような状況からみて、家康から了解を得たスペインとの交渉だとはいえ、家康没後のサン・ファン・バウティスタ号の出帆は、将軍秀忠や幕府にスペインと政宗の連携に疑心を抱かせる重大な要素になった可能性が高い。江戸で政宗討伐の噂が流れたのは、こうした背景によるものだと考えておきたい。

ただし前掲した細川忠興の書状にもあるように、家康存命中に流れた陣立ての噂とは異なって、今回の政宗討伐の噂はたんなる「雑説」にとどまり、実際に陣立てした形跡はない。にもかかわらず討伐の噂が流れたのであるから、それはなぜかということになる。ここでは、幕府側から意図的に政宗討伐の噂を流し、政宗を牽制した可能性があることを指摘しておこう。家康没後も幕府は政宗に対して油断していない、というメッセージである。

一六二〇年のアンジェリスによるイエズス会本部宛書簡では、支倉が帰国する前の時期に、幕府船奉行の向井将監が政宗に、使節派遣の真意について将軍が疑念をもっていると伝えている（『仙台市史』三三九号）。アンジェリスの情報は、政宗側近の後藤寿庵から伝えられたものであるから信憑性は高い。派遣自体は将軍秀忠も了解したことだったが、家康が亡くなったこともあり、政宗に派遣の真意を再確認したとみてよい。そのことが政宗を強く牽制する効果を発揮した。噂の背景にある政治的な意図を、このように読み込んでおきたい。

支倉常長が帰国するのは、二回目のサン・ファン・バウティスタ号派遣から四年後の一六二〇年九月（元和六年八月）のことである。支倉が仙台に帰着した直後、政宗はすぐさま領内に禁教令を発布した。貿易交渉に失敗した以上、幕府の方針に反してまでキリスト教を容認する必要性がなくなったからである。だが政宗のこの素早い対応には、幕府の疑いを晴らさなければならない、という事情もあった。政宗討伐の噂の効き目が、こうしたところにあらわれたということができる。

徳川の知力、政宗の忠誠

「木村宇右衛門覚書」にある政宗の次の言葉は、じつに興味深い。原文から引用しておく。

今御不例のみきり《砌》をうかゝひ、天下にさまたけ《妨》いたすへきいはれなし。跡々うはふ《奪》へきちせつ《時節》たに身にさつかぬ天下なれはのそみ《望》なし、と申上けれは（以下略）

いま家康殿が倒れたのを幸いと、徳川家の天下を妨げようとは考えてもいない。以前に、そのチャンスがあったときですら手に入れることができなかった天下であるから、いまはなおさら望みはない。

これを病床の家康に語ったというのだから驚かされる。しかし、若かりしころの、天下取りに燃えた政宗の野心をストレートに言いあらわしていた。戦国大名の多くは天下取りをねらった。しかし豊臣秀吉と徳川家康が全国制覇を遂げていくなかで、その願いも挫《くじ》けていかざるをえなかった。豊臣勢力も家康の力によって壊滅させられた。政宗の右の言は、まさにそうした時代状況の変化を端的に示すものだといってよい。

もちろん本音では、天下取りの野望を終生抱き続けたかもしれない。しかし家康は、その野望を不発に終わらせるだけの知力と策略を発揮して政宗に臣従を誓わせた。その総仕上げとでもいうべきが、松平忠輝の讒言を利用した一件であった。

秀忠もまた、家康亡きあと、独力で政宗に対峙《たいじ》する力を獲得しなければならなかった。遣欧使節支倉常長を迎えるために、一六一六年、サン・ファン・バウティスタ号がメキシコに向けて二回目の出帆をすることになっていた。それが政宗対策の好機として利用された。政宗討伐の噂を市中に流すことによって、海外との通交をめざす政宗を強く牽制したのである。その直接の反応を政宗の側で確認することはできないが、支倉常長帰国後の政宗によるキリスト教取締りの断行ぶりをみれば、その効果だとみることが可能だろう。秀忠もまた情報戦を仕掛けることによって、政宗を徳川の忠実な家臣とすることに成功したのであった。

第七章　戦国大名型外交から徳川幕府の一元外交へ

1　戦国大名による外交の展開

二元外交としての遣欧使節

伊達政宗が派遣した慶長遣欧使節は歴史の教科書に載るほど有名ではあるが、近世初期外交史のなかでは十分な位置づけがなされていない。ところが幕府によるキリスト教への対応や貿易の話に政宗の遣欧使節をかみ合わせてみると、次のような面白い論点が浮かび上がってくる。

家康の外交的立場をみると、キリスト教を禁止したかと思えば、しばらくして容認するなど、ジグザグの過程をとっている。だが、徐々にキリスト教禁止へと腹を固めていった。一六一二年（慶長一七）、家康のメキシコ副王宛書簡（『増訂異国日記抄』）において家康はキリスト教布教は無用とし、商船の往来だけを求めている。禁教を明確にした商教分離外交であった。以後この方針が変わることはなかった。

これに対して政宗は、宣教師を派遣してほしいという親書をスペイン国王とローマ教皇に出しているように、容教であった。もちろん究極のねらいはメキシコとの通商であるから、徳川とは異なって商教一致外交だといってよい。このように両者の外交スタンスには、大きな違いがある。

サン・ファン・バウティスタ号は、こうした異なる外交方針を乗せてメキシコへと向かったことになる。徳川初期の二元外交を典型的に示す航海であった。ここで問題になるのは、なぜこうした二元外交が可能になったのかということであり、なぜ政宗は幕府の方針とは異なる外交を展開できたのかということである。室町時代から戦国時代にかけての貿易や外交のあり方から、それを確認しておきたい。

室町幕府の外交

室町時代の東アジア外交は、室町幕府による日明貿易として知られている。一四〇一年(応永《おうえい》八)に室町幕府三代将軍の足利義満《あしかがよしみつ》が明皇帝に親書を奉呈して「日本国王」の封号を与えられたことから、幕府に勘合貿易が許された。明政府は公的な貿易船であることを証明するために勘合符を発給し、それを持参した船だけに許すのが勘合貿易である。ただしこれは明皇帝に諸物を貢ぎ物として捧げ（朝貢）、その返礼として皇帝からの拝領品を受け取る形式である。朝貢品より拝領品のほうが圧倒的に多額であったから、朝貢者は莫大《ばくだい》な利益を得ることができた。しかしそれは、対等な交易関係ではない。

しかも、授与された「国王」号は、明皇帝に臣従する存在であることを示す称号であった。国王とは一般的には国家のトップに君臨する君主のことだが、中華的秩序意識からいえば、その国王の上に君臨するのが皇帝であるから、皇帝と国王は主従の関係になるということである。中国で天子（皇帝）が諸侯に領地や爵位を授けるときに下した詔《みことのり》を「冊《さく》」というが、「国王」号はその一種であった。ゆえに、天子が近隣の諸国の君主と結ぶ君臣関係を「冊《さく》封《ほう》」体制という。

かくして、足利義満が明の皇帝から「日本国王」号を授与されたということは、明を宗主国となし、みずからを朝貢国として位置づけたことにほかならない。足利義満がありがたく受け取った「日本国王」というのは、日本は明の属国だということを認めることであった。勘合貿易の権利を得るためにはこの方式しかなかったということだが、当時のアジアにおける明皇帝の権威と権力を示す国際関係である。アジアに君臨する中華帝国の姿を示していた。こうした従属関係が国内でも問題となって、義満の死後、四代将軍足利義持《よしもち》は一四一一年

（応永一八）に勘合貿易を一時停止するが、一四三二年（永享《えいきょう》四）、六代将軍足利義教《よしのり》時代に復活する。

将軍権力と貿易の統制をみるうえで興味深い事例がある。鹿毛敏夫《かげとしお》氏によると、一四一六年（応永二三）頃に、薩摩島津氏の家臣から九州探題《たんだい》に宛てて、「南蛮船」が来航したことを知らせている。ここにいう「南蛮船」とはポルトガル船のことではなく、船籍は不明だが、東南アジア方面からの来航船のことである。来航情報は九州探題から京都に報告された。この書状のやりとりが示す意義は、外国船の来航情報が、島津氏から室町幕府の九州地方の統治機関である九州探題に報告され、京都の幕府にも伝えられていることである。幕府がそれにどう対処したのかまでは不明だが、統一政権として外交情報の一元的把握がなされていたことを示すものだろう。

だが、一四六七年（応仁元）に発生して一一年間続いた応仁の乱によって将軍権力が衰退し、幕府が自力で遣明船を派遣できなくなると、堺を本拠にする細川氏や山口の大内氏が堺や博多の商人と連携して派遣するようになった。一五二三年（大永三）に、大内氏と細川氏がそれぞれ派遣した遣明船が寧波で武力衝突を起こした結果、大内氏が遣明船の権益を掌握する。大内氏は博多商人と連携して大きな利益を得るようになった。

室町時代の将軍は大名連合の君主であり、幕府は連邦政府のようなものである。勘合貿易は外交の一種であるから、室町幕府が掌握していた外交権が将軍権力の衰退によって個別大名に移っていったと理解することができる。

だが、その後一五五一年（天文二〇）に、大内義隆が家臣の陶晴賢《すえはるかた》の謀反（大寧寺《たいねいじ》の変）によって死亡した。陶氏は豊後の大友義鎮の弟を迎えて大内義長《よしなが》として擁立するが、明国から家督の簒奪者《さんだつしゃ》だとみなされて勘合貿易を拒否された。その義長も一五五七年（弘治《こうじ》三）に毛利元就《もとなり》に攻められ、大内氏は滅亡する。

こうして明との勘合貿易は絶たれたが、その後、明が貿易統制を緩めたことから、商人や倭寇による民間貿易が活発になった。九州の大名たちも自領に明商人の貿易船を誘致し、海外貿易からの収益を重視するようになっていく。

戦国大名の外交

豊後の大友氏はポルトガル人との南蛮貿易で知られているが、ポルトガル人が来航する前は唐人町を形成するほど明商人との貿易が盛んだった。肥前平戸にも、明の商人や明人倭寇の頭領である王直が住み着いていた。薩摩にも明船が入港していた。

この時期の日本における東シナ海貿易は明との通航が中心だったが、マラッカなど東南アジアの貿易港では明商人や琉球商人などが取引を展開していた。彼らが東南アジアと日本とを媒介する存在だったのだが、ヨーロッパから進出してインドのゴアやインドシナ半島の要地マラッカを占領したポルトガル勢力は東シナ海貿易にも参入してきた。そうした動きのなかで、明商人のジャンク船に乗ったポルトガル人が種子島に来着し、日本との貿易が展開していくことになった。平戸にポルトガル商人を呼び寄せたのも、平戸に屋敷をもっていた倭寇の王直だったといわれている。

ポルトガル商人との貿易に先鞭をつけたのが豊後の大友氏であり、肥前平戸の松浦氏だった。彼らは貿易船を歓迎しただけではなく、来航を確実なものとするために、外交も展開した。

たとえば大友義鎮（のちの宗麟）は、初めて日本に上陸した宣教師フランシスコ・ザビエルが一五五一年に離日するさい、ザビエルの帰国船に、家臣をインド副王およびポルトガル国王への使者として乗船させている。このときに義鎮がポルトガル国王への贈呈品として積み込ませた武具一式が、インド副王によってゴアからリスボン行きの船に搭載されたことが確認できる（『聖フランシスコ・ザビエル全書簡』第四章）。文書は残されていないが、宣教師の保護を伝え、引き続きポルトガル船の来航を求めたのだと思われる。これが日本人によるヨーロッパ外交の始まりだといってよい。一五五八年の大友義鎮宛のポルトガル国王ドン・セバスティアンからの書簡はその返礼と思われるが、そこには宣教師の保護に対する感謝の言葉と、「航海及び貿易の主たる朕《ちん》ドン・セバスティアン」は大友氏の望むことに喜んで応じると書かれている。その後一五六二年に、ポルトガル国王が大友義鎮に宛てた書簡も残されている（『異国往復書翰集』二号、五号）。

平戸の松浦隆信もポルトガルのインド副王に書状を送ると語ったという（村井章介、一九九七）。書簡は確認されていないが、インド副王とのやりとりに抵抗感のなかったことがみてとれる。

鹿児島の島津貴久も一五六一年（永禄四）に、イエズス会インド管区長とインド副王に書簡を呈して、貿易船と宣教師の派遣を請うている。前述したように、鹿児島はフランシスコ・ザビエルが最初に上陸した地であり、貴久もザビエルを大いに歓迎したが、やがて地元僧侶の反発が強まったため、わずか一年足らずでキリスト教の布教を禁止していた。しかし同年に、たまたまポルトガル船が鹿児島に入港したことを契機に、貴久はイエズス会とポルトガル国王に宣教師の派遣と貿易船の来航を求めている。インド管区長宛の書簡には、「貿易のため、ポルトガル人が予の国に来ることは喜ぶべし」とある。貴久の書簡は、ポルトガル船長マヌエル・デ・メンドンサによって豊後国に滞在中のコスメ・デ・トルレスに届けられ、豊後から鹿児島に宣教師のアルメイダらが派遣された（『異国往復書翰集』三号、四号）。

一五六五年（永禄八）には、肥前国大村の領主大村純忠宛にポルトガル国王ドン・セバスティアンより書簡が届いた。そこには大村領にいる宣教師から国王に、大村氏がキリスト教徒になって宣教師たちを保護してくれているとの報告があり、そのことを喜び感謝するとともに、「朕に要求する物は皆喜んで卿（大村氏）に与える」とあった（同前、六号）。

東シナ海交易からヨーロッパ外交へ

一五八〇年代になると、東シナ海交易に新しい動きがみられるようになる。一五八四年（天正一二）、マニラからマカオへ渡航するスペイン船が針路を誤って大陸の沿岸をさまよったあと、平戸に入港するという事件があった。平戸領主の松浦鎮信《しげのぶ》はこの機会を利用してフィリピン総督に書簡を送り、スペイン船と宣教師の派遣を要請した。一五八七年にも松浦氏のフィリピン総督宛の書簡を携えた四〇人の使節団がマニラに派遣され、通商を要請している。この時期になると、交易相手として、明商人やマカオを拠点とするポルトガル商人だけではなく、フィリピンを支配するスペイン人とのあいだにも交易関係を築こうとする動きが展開しはじめた。

こうした様子をみると、宣教師を受け入れてキリスト教を受容することと、貿易権益を手に入れることが表裏一体の関係にあることがよくわかる。だからこそ、大名たちの求めに応じて宣教師たちが次々に来日し、縦横に日本を往き来していたのであった。大名たちはポルトガル船やスペイン船の誘致にしのぎを削り、それがポルトガル国王、インド副王、イエズス会インド管区長たち、さらにスペイン国王やフィリピン総督への外交攻勢として立ちあらわれていたのである。

一五八二年（天正一〇）にスペイン・ポルトガル両国王とローマ教皇のもとに派遣された天正遣欧少年使節も、戦国大名と宣教師による独自外交だったといってよい。イエズス会東インド管区巡察師アレッサンドロ・ヴァリニャーノの斡旋によって、九州のキリシタン大名である大友宗麟・大村純忠・有馬晴信の名代として四人の少年が使節となった。彼らはゴアでインド副王に拝謁したあと、アフリカ南端を回ってリスボンに入り、ポルトガル国王に謁見を許され、ローマでも教皇に拝謁した。使節が派遣されたときは織田信長の時代だが、とくに信長の許しを得て派遣したわけではない。信長もヴァリニャーノに狩野松栄の描いた屏風絵「安土城之図」を寄贈しているが、この絵は九州の少年使節らとともにローマにいたり、教皇に奉呈された。そうした意味では、信長が九州の三大名をコントロールできたわけではない。それぞれに、ヴァリニャーノを通じて独自の外交を競い合っていたということになる。

「国王」としての大名たち

ただし、西日本の大名たちはポルトガル船の誘致だけに目を注いでいたわけではない。鹿毛敏夫氏によると、一五七七年（天正五）に平戸領主の松浦鎮信が暹羅《シャム》（アユタヤ、現在のタイ）の国王に書簡を出しているが、そこにはシャム国王が二度にわたって平戸に貿易船を派遣したことや、今後も毎年一隻が定期的に来航するようシャム国王に求めたことが記されていた。同じころに豊後の大友氏が、カンボジア国王と外交関係をもち交易を展開していたことも指摘されている。大名たちは自由に外交を展開できる状況にあった。

とくに鹿毛氏の紹介で注目しておきたいことは、松浦鎮信がみずからを「日本平戸国」の松浦鎮信と名乗っていることや、大友氏がカンボジア国王から「日本九州大邦主」と呼ばれていることである。前述したように明国との関係で「国王」といえば明皇帝に臣従する意味をもつが、右のような表記は一国の君主、連邦の王という意味合いをもつといってよい。

それと関連して重要なことを教えてくれるのが、一五五五年（弘治元）に松浦鎮信の父の隆信がイエズス会のインド地方区長（インド管区長）のベルショール・ヌネスに宛てた書簡である。ザビエルやその他の宣教師たちが来て布教した結果、平戸にも多くのキリシタンが生まれたことを喜び、隆信自身も近いうちにキリスト教徒になりたいと述べている。ついてはヌネスにぜひ平戸に来てほしい、と要請した書簡であった（『異国往復書翰集』一号）。

隆信書簡のポルトガル語の翻訳文をみると、差出人は“Taquanombo Rei de Firando”（平戸の国王、隆信）となっている。“Rei”とは国王のことである。松浦氏はそれほど大きな領主ではないが、ポルトガル人から、まさに「平戸の国王」として認識されていたことがわかる。ヨーロッパでも大小の"Rei"たちが王国を形成していたから、その現実が日本認識にも反映したといってよい。その後一五八〇年代にも松浦氏とフィリピン総督は何度か書状のやりとりをしているが、そこでも松浦氏のことを「平戸の国王」と呼んでいた（パステルス、一九九四）。

このような事例をみると、洋の東西を問わず、日本の大名たちは、国を治める「王」として諸外国から認識されていたことになる。だからこそ室町将軍の権威と権力が失墜したあと、大名たちは独立した王国の君主として独自外交を展開できたのであった。それが可能だったのは、外交権を一元的に掌握した政治権力が存在しなかったからである。

そうした観点から信長・秀吉・徳川の段階の対外関係をみると、信長も他の大名の外交に介入できなかったし、秀吉段階においても同様である。たしかに秀吉は一五八七年にバテレン追放令を出したが、大名たちは一五九二年に始まった朝鮮出兵の出陣基地である肥前名護屋においても宣教師たちを招いていた。そのころ江戸にいた徳川家康は、領内で宣教師による布教を許すので、関東とメキシコ・マニラとの貿易を開きたいとフィリピン総督に要請していた。秀吉はバテレン追放令を出し、それに従う大名もいたが、無視した大名たちも少なからずいたということである。いわば、追放令を出しただけで各大名による対外交渉を禁止したわけではなかった。これは、秀吉が統一権力を確立した段階でも外交権の一元的掌握ができていなかったことを示している。

徳川幕府の朱印船

では、秀吉の後継者となった徳川家康の段階ではどうか。

徳川家康が関ヶ原の合戦に勝利して将軍職に就いたのは、一六〇三年（慶長八）である。一六〇五年に将軍職を辞して、嫡男秀忠に将軍職を継がせた。最高権力としての徳川政権の基盤は、ほぼ固まったといってよい。

幕府の外交関係をみると、前述のようにアジア・ヨーロッパ諸国との全方位外交をめざす一方、一六〇四年に朱印船制度を実施して貿易の統制に乗り出した。朱印船とは、幕府が発行した朱印状（海外渡航許可証）を得て海外交易をおこなう船のことである。島津氏や細川氏など西国の有力大名や、京都・大坂・堺・長崎の豪商らが朱印状をうけて東南アジア各地に貿易船を派遣した。ちなみに朱印船が向かった国々は、東京《トンキン》（ベトナム北部）、安南国《アンナン》（ベトナム中部）、順化《ソンハ》（ベトナム中部・フエ省）、占城国《チャンパ》（ベトナム中南部）、呂宋国《ルソン》（フィリピン）、漳州《しょうしゅう》（福建省《ふっけん》）、太泥国《パタニ》（タイ）、暹羅国《シャム》（タイ）、柬埔寨《カンボチャ》（カンボジア）など、一五の国と地域が判明している（「異国御朱印帳」『増訂異国日記抄』）。

岩生成一《いわおせいいち》氏の研究によると、一六三五年までに三五〇隻以上の日本船が朱印状を得て海外に渡航している。興味深いのは表4にあげたように、一六一二年（慶長一七）以降は大名による朱印船派遣は例外的な事例を除いて消滅し、商人が中心となっていることである。一六〇九年に発布された大船保有禁止令や、一六一二年のキリスト教禁令が、西国大名の海外貿易を封殺する効果をもたらしたからだとみられている。秀吉の時代にもマニラ、アユタヤ、パタニなどの渡航船に朱印状が発行されたというが、大名たちの派遣船や貿易が十分に制限されたわけではない。しかし家康時代になると、朱印船は必ず長崎から出航し、長崎に帰港しなければならなかったというから、海外通航には大きな制約がかけられるようになっていった。統一政権が外交権を掌握しつつある過程がよくわかる。

こうした状況のなかで、伊達政宗が支倉常長を遣欧使節として派遣した。これと朱印船貿易とは、どのような関係になるのだろうか。使節船となったサン・ファン・バウティスタ号は二回、太平洋を越えてメキシコに向かっ

表4　朱印船派船状況

年代	総数	うち大名	商人
1604	29	5	22
1605	27	9	15
1606	18	1	12
1607	24	9	11
1608	4	1	3
1609	12	4	5
1610	10	1	7
1611	6	1	4
1612	8	0	6
1613	11	0	6
1614	17	0	6

岩生成一『朱印船貿易史の研究』より作成

た。一回目は支倉が乗船した一六一三年のことで、このときはソテロがメキシコ副王宛の家康親書を携行し、幕府役人も同乗したためか、朱印船ではなかった。だが支倉常長をメキシコに迎えに行くため、一六一六年（元和二）に二回目の出帆をしたときは、朱印状が交付されている（岩生成一、一九五八）。このときは幕府の使者が乗船していなかったからだろう。朱印船制度の枠内での派船だったとはいえ、幕府許可のもとに派船されたことは間違いない。

鍋島氏の国際交渉

あまり知られていないことだが、伊達政宗と同時期に海外交渉をおこなっていた大名がいる。佐賀の鍋島勝茂《なべしまかつしげ》である。一六〇九年（慶長一四）から一六一三年（同一八）までに、ルソン大司教およびフィリピン総督、さらにスペイン国王とのあいだに交わされた五点の往復書簡がある（『異国往復書翰集』三六号〜四〇号）。一六〇九年から一三年というのは、前フィリピン臨時総督ロドリゴ・デ・ビベロやメキシコ副王の大使ビスカイノが家康と貿易交渉をしていた期間である。家康がマニラからの貿易船がなかなか江戸湾に来航しないことに苛立っていた時期であり、一六一二年には幕府領に禁教令が出されている。はたして鍋島氏は、どのようなやりとりをしていたのだろうか。

一六〇九年にルソン大司教であるドミニコ会士ドン・フライ・チェゴ・デソリアから鍋島勝茂に宛てた書状では、ドミニコ会士が鍋島領で厚遇をうけていることに感謝し、「二邦」すなわちフィリピンと鍋島領とが兄弟としての交わりをもつことを期待している。この書状は漢文で書かれているが、鍋島勝茂は「日本国王大都督」となっている。「大都督」は中国の官名で総司令官といった役職にあたる。日本国王の下で、領国をもつ地方軍政長官といった意味になるだろうか。

一六一二年のフィリピン総督シルバから鍋島勝茂に宛てた書状でもドミニコ会宣教師の保護に謝意を表し、末長い友誼を求めた内容になっている。総督はスペイン国王の指示をうけて、この書状を作成したとある。これに対して勝茂も同年スペイン国王宛に返書を遣わし、「商船之便」と贈り物に感謝して勝茂からも「金屏」（金屏風）を贈答し、末長く「和睦《わぼく》之好《よしみ》」が続くことを期待した。一六一三年にもシルバ総督から来翰があり、スペイン国王が「互市獲利」を望んでいると記されている。このように両者のやりとりは謝辞や贈り物の交換にとどまらず、貿易の話にまで及んでいる。フィリピン総督を介したとはいえ、スペイン国王とのやりとりは、鍋島氏が独自外交を展開した証拠になる。

それとほぼ同じ時期に家康もメキシコ副王へ通交を求め、来航したスペイン船の安全を保障する書簡を、帰国する前フィリピン臨時総督のロドリゴ・デ・ビベロに託した。天下をとった家康も鍋島と同様に、さまざまなパイプを通じて外交を展開していた。それは伊達政宗も同様であった。幕府は朱印船を制限することによって大名の海外活動を徐々に規制しはじめていたが、なおそれは完成したものではなかった。そのような段階にある一六一三年に、政宗による遣欧使節がスペイン国王とローマ教皇に向けて発されたのである。

伊達と鍋島の違い

マニラとの往来船に親書を託した鍋島とは異なって、政宗はみずから仕立てた船と使節をメキシコとローマに派遣した。そこにメキシコ貿易にかける政宗の意気ごみがみられる。だが両者の共通性は、大名が独自にフィリピン総督やスペイン国王と親書を交わすことができたということである。朱印船貿易にみられるように、幕府は渡航・来航を許可する朱印状の発給権は掌握したが、大名による外国君主との書状・親書の交換までは完全に規制できていなかった。この時期はまだ、幕府による一元外交が未確立な段階、すなわち国家としての外交権を、まだ完全には掌握しきれてはいない状態だった。だからこそ政宗も、ある程度の独自外交が可能だったのである。

とはいえ一方では、同じ西国大名であっても、薩摩の島津氏、肥後の加藤氏、長州の毛利氏のように、幕府の禁教令に応じてキリスト教の取締りを強化した大名も少なくない。こうしたなか、鍋島勝茂と伊達政宗は幕府の禁教令を容易には実行しないという点に共通性があった。支倉常長をメキシコに案内したルイス・ソテロは、メキシコ副王に対して、幕府が江戸その他でキリスト教取締りを強化したにもかかわらず、「鍋島の国肥前」と「奥州の国」では、なお布教が容認されていると述べている（『仙台市史』七七号）。

だが鍋島は、ついに一六一三年（慶長一八）、家康から領内に宣教師をとどめていることを叱責《しっせき》されたため、ドミニコ会士の追放を命じざるをえなくなった（北島治慶、一九八五）。これに対して政宗のスペイン国王への親書には、キリスト教の領内布教を求め、スペインの敵国であるイギリスやオランダを排除するかのような文言がある。この時期の政宗は領内のキリシタン探索には着手していない。

幕府禁教令の実施に追い込まれた鍋島とは異なって、政宗はなぜこの時期にいたっても独自外交を展開することができたのだろうか。そこには、政宗の商教一致外交を容認せざるをえない政宗と家康の関係を想定できる。すなわち政宗は家康にとって、そうした配慮をせざるをえない存在だったということである。

サン・ファン・バウティスタ号が派遣された一六一三年（慶長一八）という時期は、まだ豊臣氏が存在し、家康の覇権は盤石ではなかった。しかも、政宗は江戸の北方に勢力をもつ存在であった。これより二年前の一六一一年（慶長一六）に家康は池田輝政《てるまさ》の娘を養女として伊達政宗の嗣子虎菊（のちの二代藩主忠宗）の許嫁《いいなずけ》とした。豊臣氏とのあいだに大坂冬の陣の講和が成立した直後の一六一四年末には、伊達政宗の長男である秀宗が宇和島に一〇万石を与えられて独立した。伊達氏懐柔策である。

こうした状況をみると、幕府が、外洋大型帆船サン・ファン・バウティスタ号の建造を認め、幕府の外交方針とは異なる遣欧使節の派遣を了解した背景に、政宗の要望を容認せざるをえない両者の力関係があったと考えてよい。家康は政宗に配慮せざるをえない地政学的関係にあったのである。

2　鎖国への道程

戦国大名型外交の定義

以上のことをもう一度、時系列的に整理しておこう。九州や西日本の大名たちによる南蛮貿易は、秀吉段階まで普通におこなわれていた。鍋島勝茂や伊達政宗がおこなっていたような親書交換を含めた大名外交も、ほかに事例があるのではないだろうか。本書では、大名レベルで独自の外交を展開したという点に着目して、これを「戦国大名型外交」と命名しておきたい。

徳川政権の時代になると、朱印船の制限や大船禁止令（一六〇九年）、キリスト教統制の強まりなどと重なって、大名の独自外交が徐々に困難になっていく。多くの大名も幕府の統制に従うようになっていった。しかし、サン・ファン・バウティスタ号は約五〇〇トンの西洋式大型外洋帆船だった。つまり、幕府の大船禁止令は伊達政宗の船には適用されていないということである。同令は主として西国大名に向けられたものだったという見解もあるが、それは国際貿易に従事していたのが主に西日本の大名や商人たちだったということと関係があるだろう。だとすると、政宗の大型帆船の建造は、政宗だからこそ特別に許可されたと理解したほうがよい。

また政宗は、ローマ教皇やスペイン国王に宣教師の派遣まで求めたのであるから、幕府のキリスト教統制の枠からも外れていたことになる。ところが支倉常長が通商交渉に失敗して帰国した途端、政宗はキリスト教禁制を領内に布告した。それ以降は、政宗のみならず、どの大名も西洋式大型外洋帆船の建造をおこなっていない。

こうした流れからみると、政宗の遣欧使節、すなわち政宗の外交の失敗こそが幕府による外交権の一元的掌握を可能にしたということができる。その意味で伊達政宗の慶長遣欧使節は、戦国大名型外交の最後の事例であり、その失敗が近世的徳川外交体制の確立に大きな契機を与えたといってよいだろう。

政宗外交の終わり

支倉常長の派遣にみられる政宗の外交は、戦国時代後期の西国大名が展開した南蛮貿易の延長線上にあるといってよい。それに対して徳川幕府は大名による独自外交を徐々に制限し、ついには外交・貿易権全体を掌握することをめざした。慶長遣欧使節は、戦国大名型外交が終焉し、近世的な徳川外交体制が確立する直前にあらわれた、転換の時代を象徴する事業でもあった。

この過程は、家康と政宗の国家構想の違いをも反映している。家康によるキリスト教の排除は、キリスト教的文明化を拒否した国家体制にいきつく。一方、政宗は家康に対して自領での布教容認を求めた。その許可を得ることができたからこそ、支倉の派遣が可能になったのである。政宗はキリスト教を受容した領国政治の実現をめざしたのだが、これはキリスト教容認国家が前提になる。家康のめざす国家体制とは明らかに方向性が異なっていた。その意味で遣欧使節は、たんにスペインとの通商交渉をめぐる幕府と政宗の外交姿勢の違いだけではなく、その前提にある国家構想の大きな違いも浮き彫りにしたのであった。どのような国づくりをするかという点で、両者は原理的に異なっていた。

支倉派遣の最大の目的であるメキシコとの通商は実現できなかった。失意の支倉がマニラから日本船で帰国したのは、一六二〇年のことである。マニラの関税記録には同年七月七日にマカオから来航した「奥州王の船」から関税を徴収したとある（ファン・ヒル、二〇〇〇）。政宗が南蛮貿易のために派遣した船だと思われるが、支倉はこの船に同乗して帰国したのかもしれない。執念を燃やしたメキシコとの通商を開くことはできなかったが、政宗も一度はマカオ・マニラとの交易船を派遣したことになる。

ところで、もし支倉によるスペインとの通商交渉が成功していたとすれば、どうなっていただろうか。おそらく歴史の展開は大きく異なっていただろう。メキシコとの通商が開かれるということは、伊達領国のキリスト教化が進展することにつながる。はたして幕府はそれを容認しただろうか。

家康が派遣を認めた使節であり、その結果としてメキシコ貿易が開始されたとすれば、当面は幕府も認めざるをえないだろう。ただし、それが長期に継続したとは考えられない。なぜなら、将軍秀忠は支倉常長が通商交渉の結果をもって帰国する前から、政宗によるスペインとの交渉に不快感をみせていた。しかも、秀忠がスペインと政宗の連携に疑念を抱いているという噂まで宣教師のもとに届いていたのであるから、政宗とスペインとの関係が深まる通商関係をすんなり認めたとは考えにくい。

また、政宗が提示した通商の条件は伊達領国での布教を認めるというものだったが、宣教師たちは必ずや伊達領外での活動を展開するに違いない。世界中のフロンティアで宣教に従事してきた彼らのバイタリティはすさまじい。それは日本でのたくましい布教活動をみてもわかる。そのような彼らを狭い伊達領国に閉じ込めておくことは不可能だろう。領外での活動が露見すれば、仙台藩は幕府の叱責の対象となる。家康よりもキリスト教に反感をもつ二代将軍秀忠は、再び政宗に謀反の疑いをかけてくるかもしれない。そのときは、真に伊達家存続の危機になる。それに、徳川将軍家と伊達政宗は、もともとめざすべき国家体制が異なっていた。したがって、そう遠からず、いずれかの清算がはかられることになったと思われる。

考えようによっては、支倉使節が通商交渉に失敗して帰国したからこそ、政宗は幕府の外交方針に従うことに決め、その判断が伊達家の存続を可能にした、といえるかもしれない。遣欧使節による通商交渉の成否は、その後の日本の国家体制および伊達家の存否にも重大な影響を与えたということができる。

幕府のスペイン断交

このあと徳川幕府が進めた外交政策は、支倉の通商交渉が成功しなかったことの帰結でもあった。サン・ファン・バウティスタ号以後、大型の西洋式外洋船が建造されることはなかった。支倉の帰国直後から政宗は、キリスト教の取締りに着手した。遅まきながら幕府の禁教令を実施し、政宗も非キリスト教国家の実現に大きく舵《かじ》を切ることになった。幕府がスペインと断交したのは、支倉が帰国してから四年後の一六二四年（寛永元）のことである。

政宗は支倉の帰国を、幕府老中の土井利勝や船奉行の向井将監に相談している。支倉の旅行記一九冊が存在したことも確認されているので、支倉使節と西洋の動向に強い関心をもっていた幕府は、仙台藩から何らかの西洋情報を入手したのではないだろうか。スペインは幕府のキリスト教禁令を理由に通商を開かなかったが、逆に幕府は、通商に応じないにもかかわらず布教に固執するスペインの情報を得たのではないか。支倉のもたらした西洋事情が、幕府のスペイン断交に影響を与えた可能性も否定できない。なお、支倉の旅行記一九冊は仙台藩の切支丹所に明治初年まで残されていたが、残念ながら現在は所在が知れない。見つかれば世紀の大発見になるだろう。

以上のように、家康がキリスト教排除の動きを強めているなかで、あえてキリスト教容認型通商を提示して行動したところに、政宗の剛胆さと独自性がある。ほかの大名にはできないことであった。だからこそ在日宣教師や国内のキリシタンからは、「皇帝政宗」待望論が出たといえるだろう。

しかし、権力基盤を確立した幕府は、スペイン船に続いて一六三九年にポルトガル船の入港を禁止し、カトリック国との関係を清算した。こうした禁教と貿易管理の徹底が、幕府による一元外交を完成させていくことになる。

終章　なぜ日本は植民地にならなかったのか

「帝国」とみなされた日本

本書では、「なぜ秀吉は朝鮮に出兵したのか」という問いから筆を起こし、ヨーロッパ人の世界進出と関係づけながら、その謎の解明を試みた。その結果、スペインやポルトガル勢力による世界征服構想に対抗する動きであったことが判明した。さらに秀吉の日本統一による軍事大国日本の創出と、それを象徴する朝鮮出兵、および朝鮮出兵がヨーロッパ列強に与えた恐怖感、という新たな論点も提示することができた。出発点はなぜ秀吉が、あの無謀とも思える朝鮮出兵をしたのかということについての疑問だったのだが、それを追いかけるなかで、なぜ日本は植民地にならなかったのか、という謎の解明にも道筋をつけることができた。従来の秀吉による朝鮮出兵論に、これまでとは異なった大きな論点を提示できたのではないかと考えている。

さらに、本書で紹介した家康や政宗の外交史料のなかに、「皇帝」や「帝国」という言葉が頻出することに気づかれたと思う。スペインで宣教師ソテロが日本を紹介するために書いた文書では、徳川家康のことを“Emperador”（皇帝）と呼び、伊達政宗は“Rey de Voxu”（奥州の王）と記されている。日本は“Imperio”（帝国）と称されていた。日本の国家としての格は「帝国」であり、その君主は「皇帝」、大名は「王」（国王）だったのである。

当時、世界最強を自負したスペインの国王は“Rey de España”であった。呼称上の格からいえば、“Rey de Voxu”と称された「奥州の王」（伊達政宗）と同列になる。イギリスもフランスも王国であり、国王であった。一方、当時のヨーロッパにおける皇帝は神聖ローマ皇帝であり、帝国は神聖ローマ帝国（現在のドイツ、オーストリア、チェコ、イタリア北部を中心に存在していた国家）だった。“Emperador”や“Imperio”と称された徳川家康や日本は、それと並び称される存在として認識されていたのである。

いったいこれを、どう理解すればよいのか。いつから日本は「帝国」になり、誰のときから「皇帝」と呼ばれるようになったのか。じつに興味深い課題が浮かび上がってくることになる。その初見は豊臣秀吉からであった。

とくに注意しておきたいのは、「帝国日本」と「日本皇帝」は日本人による自称ではなく、ヨーロッパ列強が共有した日本評価だということである。となると、なぜそのような評価が生み出されてきたのか、が追究すべき大きな課題となる。これも従来にない論点の提示となるが、この「帝国日本」論については、近世日本の世界史的位置づけにかかわることから、幕末・維新期までを視野に入れて、別な機会に改めて全体的な見通しを提示したいと考えている。

群雄割拠克服の意義

ただ、本書で確認した論点をふまえながら少しだけ触れておくと、ヨーロッパ人による「帝国日本」観は、群雄割拠の戦国時代が克服されていく過程で形成されたということである。そこで戦国の群雄割拠がもつ意味と、それが克服されたことの世界史的意義について簡単に述べておきたい。

まず群雄割拠がもつ意味の第一は、分裂国家としての意味である。分裂しているのだから、国家としての統一的意思の形成はきわめて困難であった。そこに有力大名のキリスト教化や大名間争乱の画策など、キリスト教勢力による日本征服戦略のはたらく余地があった。第二は、戦国大名間の軍拡競争体制としての意味である。戦国の群雄割拠というのは、列島全体が戦時体制であったことに加えて、猛烈な軍拡競争をやっていたということでもある。

そうしたなかで、豊臣秀吉や徳川家康によって統一政権が樹立されていった。これが、どういう転換をもたらしたのか。第一には、国家意思の一元化が可能となって、秀吉によるバテレン追放令や徳川政権の禁教令につながっていったということである。第二に重要なことは、軍事力の国家的な集中がおこなわれたことである。二度の朝鮮出兵における総計三〇万人の動員態勢は、まさにこの集中的編成を実現したものであった。かくして秀吉や家康政権期に、日本は世界屈指の軍事大国としての姿を、くっきりと世界史のなかに現した。秀吉と家康が“Emperador”や“Emperor”と呼ばれ、日本が“Imperio”や“Empire”と称されるようになった歴史的前提である。

このような状況をうけて、スペインとポルトガルのカトリック勢力は日本を軍事的に征服することを断念し、布教優先論へと転換していった。注意しておくべきは、日本の国家体制の変化がヨーロッパ勢力の対日戦略の転換に重大な変更をもたらしたという点である。

「皇帝」の力

オランダやイギリスなどのプロテスタント国は、最初から日本での布教を放棄したとされている。たしかにこの時期には、カトリックのイエズス会やフランシスコ会などのような宣教組織がつくられたわけではない。プロテスタントの宣教組織は、オランダが植民地化したインドネシアやスリランカで一七世紀半ば以降につくられたのが早い例だとされている（塩野和夫、二〇〇八）。とはいえ、オランダ人やイギリス人が進出した地域には、プロテスタントの牧師も入っていたから強引な布教もみられた。たとえば、オランダ東インド会社に雇われていたプロテスタントの牧師A・フルスボスは、一六二一年にインドネシアのバンダ・ネイラ島のムスリム住民数千人が虐殺された事件をして、「神に祝福された征服」と述べている（ジャン・アリトナン、二〇〇九）。

このように、プロテスタントの宣教師だからといって征服の意思がなかったわけではない。ポルトガルとスペインに遅れてやってきたオランダ人やイギリス人は、家康がキリスト教を嫌悪していることを知っていた。家康に気に入ってもらうために彼らは、ポルトガル人やスペイン人が布教と征服を一体化させていることをしきりに吹き込んだ。そう讒言した以上、自分たちが宣教師を伴って入国し、布教行為をするわけにはいかなかった。また幕府の禁教令下では、プロテスタントであっても、平戸や長崎の出島に宣教師をおくことはできなかった。したがって日本で布教を断念したのは、イエズス会やフランシスコ会のような強力な宣教組織がなかったということもあるが、やりたくてもできなかったという要素もある。

スペイン・ポルトガルとの貿易競争に勝つために両国は、家康を怒らせるわけにはいかなかった。なぜか。オランダとイギリスは、日本が軍事大国であるとの認識をしっかりもっていたからである。たとえば一六二一年、幕府が平戸のイギリス・オランダ両商館に対して日本近海での略奪行為の禁止を通告したさい、オランダ商館長カンプスはバタヴィア（インドネシア）のオランダ東インド会社総督クーンに次のように知らせている。

「マカッサル王とは違い、皇帝（将軍）は自分の港や停泊地での（外国人の）暴力を許容しない。マカッサル王にその意思がないとは思わないが、彼にはその（外国人の暴力を抑止する）能力がない。しかし日本の皇帝（将軍）は、力において欠けるところはないのである」（『世界史史料』一二）

マカッサルというのは、インドネシアにある王国のことである。この国の王は外国人を抑えることができない、しかし日本の皇帝（将軍）には力がある、と記している。インドネシアの小さな国の国王のことなど取るに足りないが、日本の皇帝を怒らせると危ない、ということである。だからオランダもイギリスも、日本の皇帝の機嫌を損ねないように、日本や日本近海での武力的な動きもキリスト教の布教も自制した。日本の安全は、こうした皇帝の力によって守られたのであった。これが「徳川の平和」ということである。

「帝国」日本の確立

このあと、徳川政権はキリスト教布教の全面禁止をおこない、布教にこだわるスペイン・ポルトガルとは断交する。スペイン船の来航禁止は一六二四年（寛永元）、ポルトガル船の来航禁止が通告されたのは一六三九年（寛永一六）のことである。これは断交というよりも、追放といったほうがわかりやすい。強大な両国の勢力を日本から追放することができたのは、これまでの検討から明らかなように、両国と対抗可能な軍事力と政治力を当時の日本が有していたからであった。圧倒的な武力と策略をもって世界中を植民地化してきた両国であっても、日本に対抗することはできなかった。だからこそ、すごすごと退散せざるをえなかったのである。それをより万全なものとするために、幕府は海岸線に遠見《とおみ》番所を設けさせるなど、全国的な沿岸防備体制を確立させていく。これは個別大名領の軍事体制から、全国的国土防衛体制への大きな転換を示すものであり、軍事力の国家的編成が完成したと評価できる。

こうした力を背景に、長崎への貿易集中と幕府管理がおこなわれることになる。歴史の教科書や一般的理解では、長崎へ貿易を集中し管理を強めたと、淡々と表記されることが少なくない。イギリスはオランダとの市場競争に敗れて一六二三年に日本から撤退していくが、オランダは長崎の出島に封じ込められ、日本の管理貿易に従順となった。それだけではない。オランダ商館長は江戸への参勤も命じられた。これは将軍への服属儀式であった。オランダは、この屈辱を甘んじて受け入れたのである。

イギリスやオランダも海洋大国である。これら両国が唯々諾々と幕府の指示に従ったのは、幕府が強大な軍事力を有していたからであった。東南アジアや南北アメリカ、それにアフリカなど、ヨーロッパ列強に征服された地域には国家的な軍事組織がないか、あったとしても弱かった。そのためにヨーロッパ列強の植民地にされたり、交易の主導権を握られてしまった。そこが日本との大きな違いになった。

日本の戦国時代は、軍事力を巨大に蓄積した時代であった。秀吉・家康の統一政権は、軍事大国としての日本を確立した。なぜ、秀吉や家康が西洋列強から畏敬《いけい》をこめて「皇帝」と呼ばれていたのか。なぜ日本が「帝国」といわれるようになったのか。そこには、こうした日本の実力的根拠が存在したからであった。

戦国時代というと、群雄割拠の時代であるとして戦国武将たちの華々しい活躍に目を奪われる一方、多くの家臣が主君や領土のために命を落としたり、領民が戦のために生活を破壊された不毛な時代であるといった評価がなされてきた。そうした視点からの評価はもちろんあってもよいし、否定するつもりもない。だが、本書で紹介してきたような史実を前にすると、日本に戦国時代が存在して大名たちが軍拡競争をおこない、それを信長・秀吉・家康が統一して巨大な軍事大国を一気に創出したからこそ、西洋列強からの侵略と植民地化を防衛できた、という解釈も十分に成り立つ。戦国期における国家権力の分散状況を信長・秀吉・

家康の三代で克服できたからこそ、日本は植民地にならなくてすんだのではないか、ということである。

あとがき

私が戦国時代から江戸時代初期の国際関係に関心をもつようになったのは、仙台市史編纂事業として『慶長遣欧使節編』の編集委員を委嘱《いしょく》されたことに始まる。伊達政宗が一六一三年に、支倉常長を正使としてヨーロッパに派遣した慶長遣欧使節の任務は、スペイン国王とローマ教皇に、メキシコ貿易の開始とキリスト教宣教師の伊達領への派遣を認めてもらうことだった。この歴史的な経緯をたどっていくために、仙台市史編纂室が収集した内外の史料や関係の論著を読んでいくなかで、いくつかのことに気づきはじめた。

最初にわかったことは、慶長遣欧使節のことが日本外交史の研究としては十分に位置づけられていないということだった。江戸時代初頭の外交問題といえば、朝鮮出兵の戦後処理である日朝講和や日明関係の修復であり、ポルトガル、スペイン、オランダ、イギリスなどのヨーロッパ諸国や琉球との外交関係などが中心になる。もちろん遣欧使節に関する研究もなされていたが、徳川政権の外交政策と関連づけた点では不十分だと感じることが多かった。

つまり外交イベントとしては高校の歴史教科書に記載されるほど注目されているが、禁教令や鎖国政策との関連では、十分に議論されていなかったのである。

たとえば幕府は、使節の派遣も使節が乗ったサン・ファン・バウティスタ号の建造も認めていた。しかし、この前年に幕府は禁教令を出していた。使節は宣教師の派遣を求めに行くのだから、単純に考えればこの二つの施策は矛盾している。だが、両者の政策的な整合性について、納得のいく説明がなされたものはなかった。そのため、政宗は幕府に内密にスペインと軍事同盟を結ぼうとした、という説が出てくるのだろうと思われた。

支倉常長の事績のなかで、メキシコから帰国のために乗船したサン・ファン・バウティスタ号を、マニラでフィリピン総督に売り払っていたという事実にも驚いた。しかもその理由は、オランダと制海権を争っているスペイン軍を支援するためだったという。両国は日本で家康や二代将軍秀忠にアプローチをかけ、貿易の主導権を握ろうとしていた。そのさい両国は、それぞれが相手国を海賊だと非難していたのだが、サン・ファン・バウティスタ号の売却問題をとおして、アジアの海域が戦争状態だったことを再認識することになった。

そのことを考えると、少なくとも日本近海では海賊行為を禁止して平和状態を創出した、豊臣・徳川政権の歴史的画期性も実感できる。終章でオランダ商館長カンプスの、「日本の皇帝（将軍）は、力において欠けるところはない」という言葉を紹介したが、それはまさにこのことだった。

そしてなによりも驚いたのは、支倉常長をヨーロッパに案内した宣教師のソテロが、徳川家康のことを"Emperador"(皇帝)と呼んでいたことである。当時ヨーロッパで"Emperador"と呼ばれているのは、神聖ローマ皇帝だけだった。スペイン国王ですら、"Rey de España"であったから、称号では伊達政宗の"Rey de Voxu"「奥州国王」と同格だった。つまりヨーロッパ人からすれば、領国を支配する大名が国王であり、それらを統合する存在が皇帝だったのである。身分的には将軍が最高権力者だが、二代将軍の秀忠は、"Príncipe"(皇太子)だった。大御所として将軍の上に君臨していた家康こそ、実質的な皇帝だとみなされていた。注意して文献をみると、ソテロ以外の多くのヨーロッパ人も同様の表現をしていた(平川新、二〇〇八)。

これは私の歴史認識に大きな影響を与えた。東アジアにおける日本の自己認識のあり方について、これまでの近世史研究では小中華思想や日本型華夷《かい》意識が基底にあるといわれてきた。この原型とされた本家本元の中華思想は、古代から黄河《こうが》流域の漢民族が形成した特異な世界認識であり、中国王朝が世界の中心であるとする自民族中心主義思想のことを指す。異民族や周辺国に対しては文化程度の低い蛮族(夷)だと卑しむことから、華夷思想ともいわれる。「中国」というのはその雅称であり、日本が野蛮の意味をもつ「東夷」と称されたのも、この華夷思想に由来する。

日本人がポルトガル人やスペイン人を南蛮人と呼んだのは、彼らを南からやってきた野蛮な存在だと認識したからである。北のアイヌを蝦夷（えみし、えぞ）と呼んだり、幕末に外国勢力を排除するさいの攘夷（じょうい）というスローガンも、その表現からして、いかにも華夷思想に由来する。そうした点ではたしかに、日本人の世界観には華夷意識があった。それを、小中華思想や日本型華夷意識だと呼んだとしても不自然ではない。ただそこでの評価軸は、あくまで中華としての中国が基本であり、東アジアにおける華夷秩序の序列の問題としてみると、日本は従的な存在だということになる。

しかし、ヨーロッパ人は日本をそのようにみてはいなかった。「小中華」論のように明国のミニチュアや亜流とみなしていたわけではなく、明国と並ぶ「帝国」“Imperio”として日本を評価していた。少なくともアジア的な中華思想を基準にした見方とは、異質な評価手法だといってよい。しかもそれは、中国のように中華を自称するのではなく、他称としての「帝国」評価だった。

これまで、この時代の日本の位置づけを論じる場合、明国を中心とした東アジア世界の秩序意識と関連づけて論じられることが多かった。だがヨーロッパからの視点を入れて世界史の問題としてみると、日本の位置づけは大きく変わらざるをえない。つまり、日本論としてのこれまでの「小中華」論は、論理としての相対化を余儀なくされるということである。

では、なぜ日本が「帝国」と尊称されたのか。本書でみたように、その始原は豊臣秀吉にあったが、「帝国」であることの実質は、徳川政権がポルトガル人とスペイン人を日本から追放することによって証明された。世界中を植民地化してきた両国人を日本は、その力をもって完全に排除したからである。またオランダを完全な貿易管理下におき、長崎の出島に封じこめることにも成功した。

なぜ日本は植民地にならなかったのか。その素朴な問いに対する答えも、ここにあった。当時の日本は、世界のなかでも軍事パワーと政治パワーが突出した存在であった。

不毛な争いを繰り返していたかにみえる戦国時代の群雄割拠。見方を変えると、それは列島全域に軍事力を蓄えた時代だった。その統合に端緒をつけた織田信長。その跡を継いで全国平定を成しとげた豊臣秀吉と徳川家康。分裂国家から統一された国家へ。だからこそ軍事力が集中・統合され、ヨーロッパ人による植民地主義に日本は対抗することができた。歴史の過程は、明確にそのことを示している。

幕末の一八五三年にペリーが将軍宛に持参したアメリカ大統領親書には、"His Majesty, The Emperor of Japan"（日本皇帝陛下）とあった。翌年の日米和親条約の前文にも、"THE United States of America and the Empire of Japan"（アメリカ合衆国と日本帝国）とある。これをみると、江戸時代の日本は欧米から一貫して、「皇帝」が統べる「帝国」とみなされていたということができる。

アメリカ大統領親書や和親条約は周知の史料だが、この表記に注目して、なぜ日本が「帝国」だったのかを論じた研究は不思議なことに見受けられない。欧米列強に押しまくられたかのような幕末期の外交をみれば、「帝国」といった称号は名目的にすぎないと理解してきたのだろうか。だが、「帝国」の遺産と幕府による必死の外交があったからこそ、一九世紀の植民地化の時代にも、日本は欧米の植民地にならなくてすんだという解釈が可能だろう。そうだとすると、二六〇〇年にわたる近世＝江戸時代において、「帝国」日本のありようとは、どのようなものだったのか。それは、どのようにして変容して幕末にいたったのか。これらが次の検討課題になる。

豊臣秀吉はなぜ朝鮮に出兵したのかという謎解きは、ポルトガルとスペインによる世界分割支配体制に対抗するためだったという、思いもかけない結論を導き出した。本書で示したように、秀吉関係の史料がその根拠となる。一六世紀戦国日本における東西接触がもたらした結果であった。朝鮮出兵は日本にとって侵略という負の遺産だが、そこで発揮された日本の国力が日本の植民地化を防いだという、その後の流れにもつながった。のちに徳川政権が強力に展開した貿易管理と出入国規制も、その延長線上にある。朝鮮出兵を朝鮮・明国と日本の関係だけでなく、ポルトガル・スペインの動きと関連づけることでみえてきた歴史の因果関係だった。

本書では、秀吉による「唐・南蛮・天竺」征服構想を、ポルトガルをも併合して世界最強国家となったスペインに対する、東洋からの反抗と挑戦だと評価している。そのあらわれが朝鮮出兵となった。だが隣国を蹂躙した歴史は、本書で解明した世界史レベルでの因果関係とは別に、真摯《しんし》に受けとめる必要がある。

どの視点に立つかによって、歴史の見え方は異なってくる。本書で扱ったテーマは、その典型的な例になるだろう。歴史の解釈は固定的でないほうがよい。歴史に対しては多様な解釈が可能だからである。また、この検討をとおして、世界史は相互影響のなかで動いているということ、歴史には連続性があるということを再確認することにもなった。

こうした歴史的事実を私たちは、しっかりと認識しておきたい。それが本書を草した大きな理由である。

なお本書では、キリスト教史や海外史の研究者による翻訳史料を随所で利用した。翻訳史料の充実が研究の進展を可能にしている。翻訳者の方々による史料収集等のご尽力をはじめ、こうした条件が整えられていることに感謝したい。

本書を出版するにあたっては、中央公論新社編集部の田中正敏氏にお世話になった。編集と校正にあたっては的確なご意見とご指摘をいただいた。記して謝意を表したい。

二〇一八年二月

平川　新

参考文献

【史料集】
アビラ・ヒロン（佐久間正・会田由訳）『日本王国記』大航海時代叢書、岩波書店、一九六五年
エドゥアルド・サンデ編（泉井久之助訳）『天正年間遣欧使節見聞対話録』東洋文庫、一九四二年
北島万次編『豊臣秀吉朝鮮侵略関係史料集成』1、平凡社、二〇一七年
コロンブス（林屋永吉訳）『全航海の報告』岩波文庫、二〇一一年
デ・サンデ（泉井久之助ほか訳）『デ・サンデ天正遣欧使節記』新異国叢書5、雄松堂出版、一九六九年
トメ・ピレス（生田滋訳）『東方諸国記』大航海時代叢書、岩波書店、一九九一年
ホセ・デルガード・ガルーシアO．P．編注（佐久間正訳）『福者アロンソ・デ・メーナO．P．書簡・報告』（キリシタン文化研究シリーズ23）、キリシタン文化研究会、一九八二年
ラス・カサス（染田秀藤訳）『インディアスの破壊についての簡潔な報告』岩波文庫、一九七六年
ルイス・フロイス（松田毅一・川崎桃太訳）『完訳フロイス日本史』全一二巻、中公文庫、二〇〇〇年
河野純徳訳『聖フランシスコ・ザビエル全書簡』平凡社、一九八五年
黒板勝美編『徳川実紀』第一、二篇（国史大系第三八、三九巻）、吉川弘文館、一九六四年
小井川百合子編『伊達政宗言行録　木村宇右衛門覚書』新人物往来社、一九九七年
『信長記』第十四、福武書店、一九七五年
『仙台市史特別編8　慶長遣欧使節』二〇一〇年

平重道編『伊達治家記録』三、宝文堂出版、一九七三年
「立入左京亮入道隆佐記」『続群書類従』第弐拾輯上、続群書類従完成会、一九三六年
東京大学史料編纂所編『大日本史料 第十二篇之三』（覆刻）、東京大学出版会、一九九五年
同『大日本史料 第十二篇之七』（覆刻）、東京大学出版会、一九九五年
同『大日本史料 第十二編之十二』東京大学出版会、一九八二年
同『大日本史料 第十二編之二十四』東京大学出版会、一九七四年
同『大日本近世史料 細川家史料』一、東京大学出版会、一九六九年
同『イギリス商館長日記 訳文編之上』日本関係海外史料、東京大学出版会、一九七九年
名古屋市博物館『豊臣秀吉文書集』二、吉川弘文館、二〇一六年
『日本見聞記 ロドリゴ・デ・ビベロ』たばこと塩の博物館、一九九三年
松田毅一監訳『十六・七世紀イエズス会日本報告集』第三期第五巻〜第七巻、同朋舎出版、一九八七〜九四年
村上直次郎訳註『異国往復書翰集 増訂異国日記抄』駿南社、一九二九年
同訳註『ドン・ロドリゴ日本見聞録 ビスカイノ金銀島探検報告』雄松堂書店、一九二九年
歴史学研究会編『世界史史料』一二、岩波書店、二〇一三年

【著書・論文等】

朝尾直弘「鎖国制の成立」『講座日本史4 幕藩制社会』、東京大学出版会、一九七〇年
同『鎖国』（日本の歴史17）小学館、一九七五年

浅見雅一「仙台市博物館所蔵のルイス・ソテロ関係文書」『市史せんだい』一三号、二〇〇三年
安達裕之『異様の船―洋式船導入と鎖国体制』平凡社、一九九五年
李啓煌「韓国と日本の学界の壬辰倭乱原因論について」『第2回日韓歴史共同研究報告書』日韓文化交流基金、二〇一〇年
入江隆則「秀吉はなぜ朝鮮に出兵したか」『地球日本史1』産経新聞社、一九九八年
岩生成一『朱印船貿易史の研究』弘文堂、一九五八年
大泉光一『キリシタン将軍伊達政宗』柏書房、二〇一三年
同『支倉六右衛門常長「慶長遣欧使節」研究史料集成』全三巻、二〇一〇〜一七年
岡田章雄『日欧交渉と南蛮貿易』思文閣出版、一九八三年
岡美穂子『商人と宣教師 南蛮貿易の世界』東京大学出版会、二〇一〇年
同「キリシタンと統一政権」『岩波講座日本歴史』第一〇巻（近世1）、二〇一四年
岡本良知『十六世紀日欧交通史の研究』六甲書房、一九四二年
同『キリシタンの時代―その文化と貿易』八木書店、一九八七年
落合偉洲『家康公の時計―四百年を越えた奇跡』平凡社、二〇一三年
鹿毛敏夫『アジアのなかの戦国大名―西国の群雄と経営戦略』吉川弘文館、二〇一五年
加藤栄一『幕藩制国家の形成と外国貿易』校倉書房、一九九三年
同『幕藩制国家の成立と対外関係』思文閣出版、一九九八年
神田千里「伴天連追放令に関する一考察―ルイス・フロイス文書を中心に―」『東洋大学文学部紀要』第六五集（史学科篇第三七号）、二〇一一年

同「「天道」思想と「神国」観」島薗進・高埜利彦・林淳・若尾政希編『神・儒・仏の時代』春秋社、二〇一四年
岸野久『ザビエルと東アジア―パイオニアとしての任務と軌跡』吉川弘文館、二〇一五年
北島治慶『鍋島藩とキリシタン』佐賀新聞社、一九八五年
北島万次『豊臣政権の対外認識と朝鮮侵略』校倉書房、一九九〇年
同『豊臣秀吉の朝鮮侵略』吉川弘文館、一九九五年
同『秀吉の朝鮮侵略と民衆』岩波新書、二〇一二年
五野井隆史「一六一〇年長崎沖におけるマードレ・デ・デウス号焼打に関する報告書」『キリシタン研究』第一六輯、一九七六年
同『支倉常長』吉川弘文館、二〇〇三年
同監修『キリシタン大名―布教・政策・信仰の実相』宮帯出版社、二〇一七年
小林清治『伊達政宗』吉川弘文館、一九五九年
同「悲運の人支倉六右衛門」『伊達政宗―文化とその遺産』里文出版、一九八七年。のち小林『伊達政宗の研究』吉川弘文館、二〇〇八年に所収
塩野和夫「プロテスタントのアジア伝道」『西南学院大学国際文化論集』第三巻第一号、二〇〇八年
清水紘一『キリシタン禁制史』教育社歴史新書、一九八一年
同『織豊政権とキリシタン―日欧交渉の起源と展開』岩田書院、二〇〇一年
清水展「フィリピン人」大野拓司・寺田勇文編著『現代フィリピンを知るための60章』明石書店、二〇〇一年

清水有子『近世日本とルソン――「鎖国」形成史再考』東京堂出版、二〇一二年
同「イベリア・インパクト論再考――イエズス会の軍事的性格をめぐって――」『歴史評論』七七三号、二〇一四年
同「豊臣秀吉政権の神国宣言――伴天連追放令の基本的性格と秀吉の宗教政策を踏まえて――」『歴史学研究』九五八号、二〇一七年
ジャン・S・アリトナン「イスラーム社会におけるインドネシアのキリスト教」『基督教研究』七一巻一号、二〇〇九年
鈴木良一『豊臣秀吉』岩波新書、一九五四年
曽根勇二「近世前期における幕府の対外政策」曽根勇二・木村直也編『新しい近世史2 国家と対外関係』新人物往来社、一九九六年
高瀬弘一郎『キリシタン時代の研究』岩波書店、一九七七年
同『キリシタン時代の文化と諸相』八木書店、二〇〇一年
同訳註『モンスーン文書と日本――十七世紀ポルトガル公文書集』八木書店、二〇〇六年
同『キリシタンの世紀――ザビエル渡日から「鎖国」まで』岩波書店、二〇一三年
高橋裕史『イエズス会の世界戦略』講談社選書メチエ、二〇〇六年
同『武器・十字架と戦国日本』洋泉社、二〇一二年
立花京子『信長と十字架――「天下布武」の真実を追う』集英社新書、二〇〇四年
辻善之助「豊臣秀吉による支那朝鮮征伐の原因」『海外交通史話』内外書籍、一九四二年
津野倫明「朝鮮出兵の原因・目的・影響に関する覚書」高橋典幸編『戦争と平和』竹林舎、二〇一四年

徳富猪一郎『近世日本国民史第7　豊臣氏時代 丁篇 朝鮮役』上巻、民友社、一九三五年
中野等『秀吉の軍令と大陸侵攻』吉川弘文館、二〇〇六年
同『文禄・慶長の役』吉川弘文館、二〇〇八年
同「文禄・慶長の役研究の学説史的検討」『日韓歴史共同研究報告書（第2期）』日韓文化交流基金、二〇一〇年
西尾幹二『国民の歴史』扶桑社、一九九九年
パステルス（松田毅一訳）『16―17世紀 日本・スペイン交渉史』大修館書店、一九九四年
羽田正『東インド会社とアジアの海』（興亡の世界史15）講談社、二〇〇七年
濱田直嗣『政宗の夢 常長の現―慶長使節四百年』河北新報出版センター、二〇一二年
速水融「徳川日本成立の世界史―フェリペII世と豊臣秀吉―」『三田学会雑誌』Vol.77, No.6、慶応義塾経済学会、一九八五年
板東省次・川成洋『日本・スペイン交流史』れんが書房新社、二〇一〇年
ピーター・ミルワード（松本たま訳）『ザビエルの見た日本』講談社学術文庫、一九九八年
平川新『開国への道』（全集日本の歴史、第十二巻）小学館、二〇〇八年
同「前近代の外交と国家―国家の役割を考える―」『近世史サマーフォーラム2009の記録』二〇一〇年。のち荒武賢一朗・太田光俊・木下光生編『日本史学のフロンティア1 歴史の時空を問い直す』法政大学出版局、二〇一五年に収録
同「慶長遣欧使節と徳川の外交」『仙台市史特別篇8 慶長遣欧使節』、二〇一〇年
同「スペインの対日戦略と家康・政宗の外交」『国史談話会雑誌』第五〇号、東北大学文学部日本史研究室、

二〇一〇年
同「政宗謀反の噂と徳川家康」『東北大学東北文化研究室紀要』第五二集、二〇一一年
同「豊臣秀吉の朝鮮出兵をめぐる最近の論議」平川新編『通説を見直す―16~19世紀の日本』清文堂出版、二〇一五年
同「慶長遣欧使節と世界のなかの日本」平川新編『江戸時代の政治と地域社会』第二巻、清文堂出版、二〇一五年
同「スペインとポルトガルの日本征服論をめぐって」『歴史評論』八一五号、二〇一八年
平山篤子『スペイン帝国と中華帝国の邂逅―十六・十七世紀のマニラ』法政大学出版局、二〇一一年
ファン・ヒル（平山篤子訳）『イダルゴとサムライ―16・17世紀のイスパニアと日本』法政大学出版局、二〇〇〇年
深谷克己『東アジア法文明圏の中の日本史』岩波書店、二〇一二年
藤木久志『豊臣平和令と戦国社会』東京大学出版会、一九八五年
同『天下統一と朝鮮侵略―織田・豊臣政権の実像』講談社学術文庫、二〇〇五年
藤田達生『日本近世国家成立史の研究』校倉書房、二〇〇一年
細谷千博、イアン・ニッシュ監修『日英交流史1600―2000』東京大学出版会、二〇〇〇年
堀新『織豊期王権論』校倉書房、二〇一一年
松田毅一『大村純忠伝』教文舎、一九七八年
同『天正遣欧使節』朝文社、一九九一年
同『豊臣秀吉と南蛮人』朝文社、一九九二年

同『慶長遣欧使節―徳川家康と南蛮人』朝文社、一九九二年
同『ヴァリニャーノとキリシタン宗門』朝文社、一九九二年
同『南蛮のバテレン』朝文社、一九九三年
松元和也「イエズス会宣教師の権力者認識と国家認識―ガスパル・ヴィレラ畿内布教前段階における―」『日本歴史』六六五号、二〇〇二年
三鬼清一郎『豊臣政権の法と朝鮮出兵』青史出版、二〇一二年
水本邦彦『徳川の国家デザイン』（全集日本の歴史、第十巻）小学館、二〇〇八年
村井章介『海から見た戦国日本―列島史から世界史へ』ちくま新書、一九九七年
村上直『江戸幕府の政治と人物』同成社、一九九七年
山本博文『鎖国と海禁の時代』校倉書房、一九九五年
同『天下人の一級史料―秀吉文書の真実』柏書房、二〇〇九年
ルシオ・デ・ソウザ「一六～一七世紀のポルトガル人によるアジア奴隷貿易」中島楽章編『南蛮・紅毛・唐人―一六・一七世紀の東アジア海域』思文閣出版、二〇一三年
同・岡美穂子『大航海時代の日本人奴隷―アジア・新大陸・ヨーロッパ』中公叢書、二〇一七年
若桑みどり『クアトロ・ラガッツィ―天正少年使節と世界帝国』上・下、集英社文庫、二〇〇八年

関連年表

日本に直接かかわる項目のみ和暦を入れた

西暦	和暦	事項
1492年		クリストファー・コロンブスがバハマ諸島に到達する。
1494年		ポルトガルとスペインがトルデシリャス条約を締結し、両国による世界領土分割を確認する。
1498年		ヴァスコ・ダ・ガマがアフリカ大陸南端の喜望峰を越えてインドのカリカットに到達する。
1510年		ポルトガルがインドのゴアを占領する。
1511年		ポルトガルがマレー半島のマラッカを占領する。
1520年		マゼランが南アメリカ南端で太平洋へ抜ける航路を発見する（マゼラン海峡の発見）。
1521年		マゼラン艦隊がセブ島に到達する。
1529年		ポルトガルとスペインがサラゴサ条約を締結し、アジアでの領有権を確認する。
1543年9月	天文12年8月	種子島に漂着したポルトガル人が鉄砲を伝える。
1549年8月	天文18年7月	イエズス会宣教師フランシスコ・ザビエルが鹿児島に上陸する。

1550年	天文19年	平戸にポルトガル船が入港する。
1557年		ポルトガルがマカオに拠点を築く。
1565年		この頃、スペインによるフィリピン諸島の侵略が始まる。
1565年		アンドレス・デ・ウルダネータがフィリピン諸島とメキシコを結ぶ太平洋航路を開発する。
1568年		オランダがスペインからの独立戦争を始める（～1648年）。
1571年		スペイン人がマニラを占領する。
1580年		ポルトガルがスペインに併合される。
1582年2月	天正10年1月	天正遣欧使節が長崎を出発する。
1582年6月	天正10年6月	本能寺の変により織田信長が明智光秀に討たれる。
1585年3月	天正13年2月	天正遣欧使節がローマ教皇グレゴリウス一三世に謁見する。
1587年7月	天正15年6月	豊臣秀吉がバテレン追放令を発布する。
1590年7月	天正18年6月	天正遣欧使節が長崎に帰着する。
1591年3月	天正19年閏1月	天正遣欧使節が豊臣秀吉に謁見する。
1592年5月	天正20年4月	豊臣秀吉、朝鮮出兵を命じ、第一軍釜山上陸（文禄の役）。
1596年10月	文禄5年8月	スペイン船サン・フェリペ号が土佐国浦戸浜に漂着し、サン・フェリペ号事件が起こる。
1597年2月	慶長元年12月	長崎でキリスト教徒二六人が磔刑に処せられる。
1597年2月	慶長2年正月	豊臣秀吉、朝鮮に再出兵を命じる（慶長の役）。

1598年12月	慶長3年11月	徳川家康がフランシスコ会宣教師ジェロニモ・デ・ジェズスにマニラ船が関東に寄航するようフィリピン総督との交渉を依頼する。
1600年4月	慶長5年3月	イギリス人ウィリアム・アダムス（のちの三浦按針）とオランダ人ヤン・ヨーステンの乗るオランダ船リーフデ号が豊後国の臼杵湾に漂着する。
1600年		イギリスが東インド会社を設立する。
1600年12月	慶長5年11月	ローマ教皇クレメンス八世がイエズス会以外の修道会の日本布教を条件付きで認める。
1602年10月	慶長7年9月	徳川家康がフィリピン総督に書状でキリスト教布教厳禁を伝える。
1602年		オランダが東インド会社を設立する。
1603年3月	慶長8年2月	徳川家康が征夷大将軍となる。
1609年9月	慶長14年8月	オランダとの貿易が始まり、肥前国平戸にオランダ商館が設置される。
1609年10月	慶長14年9月	前フィリピン総督ロドリゴ・デ・ビベロの乗ったサン・フランシスコ号が上総国岩和田に漂着する。ビベロが将軍秀忠と家康に謁見する。
1610年6月	慶長15年4月	伊達政宗が江戸でドミニコ会神父ホセ・デ・ハシントに仙台での教会用地の提供を申し出る。
1610年8月	慶長15年6月	ビベロの乗った日本船が浦賀を出帆しメキシコに向かう。家康はフランシスコ会神父アロンソ・ムニョスを使者として乗船させる。
1611年6月	慶長16年5月	メキシコ副王の答礼使としてセバスティアン・ビスカイノが浦賀に到着する。江戸城で将軍秀忠、駿府城で家康に謁見する。

1611年11月	慶長16年10月	ビスカイノと宣教師ソテロが仙台に到着し、政宗に謁見する。その後、三陸沿岸を測量する。
1612年4月	慶長17年3月	岡本大八が処刑される（岡本大八事件）。幕府が直轄領にキリスト教禁令を発布する。
1613年10月	慶長18年9月	イギリスが平戸の商館を開設する。
1613年10月	慶長18年9月	支倉常長とソテロを乗せたサン・ファン・バウティスタ号がメキシコに向けて牡鹿半島月浦を出帆する。
1614年1月	慶長18年12月	サン・ファン・バウティスタ号がメキシコの外港アカプルコに到着する。
1614年2月	慶長18年12月	幕府がバテレン追放文を公布する。
1615年1月	慶長20年1月	支倉常長がスペイン国王に謁見する。
1615年6月	慶長20年5月	大坂夏の陣で大坂城が落城し、豊臣家が滅亡する。
1615年11月	元和元年9月	支倉常長がローマ教皇に謁見する。
1616年4月	元和2年3月	支倉常長がマドリードに到着する。
1616年9月	元和2年8月	幕府が禁教令を発し、明国船以外の寄港地を平戸と長崎に限定する。
1617年3月	元和3年1月	サン・ファン・バウティスタ号が支倉一行を迎えるためにアカプルコに到着する。
1617年10月	元和3年9月	支倉常長がメキシコに到着する。
1618年8月	元和4年6月	支倉常長の乗ったサン・ファン・バウティスタ号がマニラに到着する。
1620年8月	元和6年7月	支倉常長が長崎に到着する。

1620年9月	元和6年8月	支倉常長が仙台に到着する。伊達政宗が領内でのキリスト教を禁止する。
1624年1月	元和9年11月	イギリスが平戸の商館を閉鎖する。
1624年5月	寛永元年3月	幕府がスペインと断交する。
1633年4月	寛永10年2月	幕府が奉書船以外の海外渡航と在外邦人の帰国を禁止する。
1635年7月	寛永12年5月	幕府が日本船の海外渡航を禁止する。
1636年	寛永13年	長崎の出島が完成し、ポルトガル人が隔離される。また中国船の寄港地を長崎に限る。
1639年8月	寛永16年7月	幕府がポルトガル船の来航を禁止する。
1641年6月	寛永18年5月	幕府がオランダ人を長崎の出島に移住させる。
1648年10月		ウェストファリア条約が締結され、オランダがスペインから独立する。

平川 新（ひらかわ・あらた）

1950年，福岡県生まれ．法政大学文学部卒業．東北大学大学院文学研究科修士課程修了．宮城学院女子大学助教授，東北大学教授などを経て，2005年から07年まで東北大学東北アジア研究センター長，12年から14年まで東北大学災害科学国際研究所所長，14年から20年まで宮城学院女子大学学長を務める．現在，宮城県慶長使節船ミュージアム（サン・ファン館）館長．東北大学名誉教授．本書で第31回和辻哲郎文化賞受賞．

著書『伝説のなかの神——天皇と異端の近世史』（吉川弘文館，1993年）
『紛争と世論——近世民衆の政治参加』（東京大学出版会，1996年）
『近世日本の交通と地域経済』（清文堂出版，1997年）
『開国への道（「日本の歴史」第12巻）』（小学館，2008年）
『通説を見直す——16〜19世紀の日本』（編，清文堂出版，2015年）
『世論政治としての江戸時代』（東京大学出版会，2022年）
『〈伊達騒動〉の真相』（吉川弘文館，2022年）
など

戦国《せんごく》日本《にほん》と大航海時代《だいこうかいじだい》
中公新書 *2481*

2018年 4 月25日初版
2022年12月20日 8 版

著　者　平　川　　新
発行者　安　部　順　一

本文印刷　三晃印刷
カバー印刷　大熊整美堂
製　　本　小泉製本

発行所　中央公論新社
〒100-8152
東京都千代田区大手町 1-7-1
電話　販売 03-5299-1730
　　　編集 03-5299-1830
URL https://www.chuko.co.jp/

Published by CHUOKORON-SHINSHA, INC.
Printed in Japan　ISBN978-4-12-102481-7 C1221

中公新書刊行のことば

いまからちょうど五世紀まえ、グーテンベルクが近代印刷術を発明したとき、書物の大量生産は潜在的可能性を獲得し、いまからちょうど一世紀まえ、世界のおもな文明国で義務教育制度が採用されたとき、書物の大量需要の潜在性が形成された。この二つの潜在性がはげしく現実化したのが現代である。

いまや、書物によって視野を拡大し、変りゆく世界に豊かに対応しようとする強い要求を私たちは抑えることができない。この要求にこたえる義務を、今日の書物は背負っている。だが、その義務は、たんに専門的知識の通俗化をはかることによって果たされるものでもなく、通俗的好奇心にうったえて、いたずらに発行部数の巨大さを誇ることによって果たされるものでもない。現代を真摯に生きようとする読者に、真に知るに価いする知識だけを選びだして提供すること、これが中公新書の最大の目標である。

私たちは、知識として錯覚しているものによってしばしば動かされ、裏切られる。私たちは、作為によってあたえられた知識のうえに生きることがあまりに多く、ゆるぎない事実を通して思索することがあまりにすくない。中公新書が、その一貫した特色として自らに課すものは、この事実のみの持つ無条件の説得力を発揮させることである。現代にあらたな意味を投げかけるべく待機している過去の歴史的事実もまた、中公新書によって数多く発掘されるであろう。

中公新書は、現代を自らの眼で見つめようとする、逞しい知的な読者の活力となることを欲している。

一九六二年一一月

中公新書

日本史

d2

2127 河内源氏 元木泰雄
2573 公家源氏―王権を支えた名族 倉本一宏
2705 平氏―公家の盛衰、武家の興亡 倉本一宏
2655 刀伊の入寇 関 幸彦
1622 奥州藤原氏 高橋 崇
1867 院 政（増補版） 美川 圭
608
613 中世の風景（上下） 阿部謹也・網野善彦・石井 進・樺山紘一
1503 古文書返却の旅 網野善彦
1392 中世都市鎌倉を歩く 松尾剛次
2336 源頼政と木曽義仲 永井 晋
2526 源 頼朝 元木泰雄
2678 北条義時 岩田慎平
2517 承久の乱 坂井孝一
2461 蒙古襲来と神風 服部英雄
2653 中先代の乱 鈴木由美

1521 後醍醐天皇 森 茂暁
2601 北朝の天皇 石原比伊呂
2463 兼好法師 小川剛生
2443 観応《かんのう》の擾乱《じょうらん》 亀田俊和
2179 足利義満 小川剛生
978 室町の王権 今谷 明
2401 応仁の乱 呉座勇一
2058 日本神判史 清水克行
2139 贈与の歴史学 桜井英治
2481 戦国日本と大航海時代 平川 新
2688 戦国日本の軍事革命 藤田達生
2343 戦国武将の実力 小和田哲男
2084 戦国武将の手紙を読む 小和田哲男
2593 戦国武将の叡智 小和田哲男
1213 流浪の戦国貴族 近衛前久 谷口研語
2665 三好一族―戦国最初の「天下人」 天野忠幸
1625 織田信長合戦全録 谷口克広

1782 信長軍の司令官 谷口克広
1907 信長と消えた家臣たち 谷口克広
1453 信長の親衛隊 谷口克広
2421 織田信長の家臣団―派閥と人間関係 和田裕弘
2503 信長公《しんちょうこう》記《き》―戦国覇者の一級史料 和田裕弘
2555 織田信忠―天下人の嫡男 和田裕弘
2645 天正伊賀の乱 和田裕弘
2622 明智光秀 福島克彦
784 豊臣秀吉 小和田哲男
2557 太閤検地 中野 等
2265 天下統一 藤田達生
2357 古田織部 諏訪勝則

中公新書

日本史

d3

- 2675 江戸―平安時代から家康の建設へ　齋藤慎一
- 476 江戸時代　大石慎三郎
- 2552 藩とは何か　藤田達生
- 2565 大御所 徳川家康　三鬼清一郎
- 2723 徳川家康の決断　本多隆成
- 1227 保科正之《ほしなまさゆき》　中村彰彦
- 740 元禄御畳奉行の日記　神坂次郎
- 2531 火付盗賊改《ひつけとうぞくあらため》　高橋義夫
- 853 遊女の文化史　佐伯順子
- 2376 江戸の災害史　倉地克直
- 2584 椿井文書―日本最大級の偽文書　馬部隆弘
- 2380 ペリー来航　西川武臣
- 2047 オランダ風説書　松方冬子
- 1958 幕末維新と佐賀藩　毛利敏彦
- 2497 公家たちの幕末維新　刑部芳則
- 1754 幕末歴史散歩 東京篇　一坂太郎
- 1811 幕末歴史散歩 京阪神篇　一坂太郎
- 2617 暗殺の幕末維新史　一坂太郎
- 1773 新選組　大石学
- 2040 鳥羽伏見の戦い　野口武彦
- 455 戊辰戦争　佐々木克
- 1235 奥羽越列藩同盟　星亮一
- 1728 会津落城　星亮一
- 2498 斗南《となみ》藩―「朝敵」会津藩士たちの苦難と再起　星亮一
- 2730 大塩平八郎の乱　藪田貫